KB268212

중국의 **원림**

Chinese Gardens by Lou Qingxi

Copyright © 2003 by CHINA INTERCONTINENTAL PRESS
All rights reserved.
Korean Translation Copyright © 2008 by DAEGA Publishing Co
Korean edition is Published by arrangement with CHINA INTERCONTINENTAL PRESS
through Eric Yang Agency.

L\NN 은 도서출판 대가의 임프린트입니다.

중국의 원림

러우칭시 지음 | 한민영 옮김

이재근 · 신상섭 · 안계복 · 홍형순 · 이원호 감수

도서출판 린

중국 원림園林으로 들어서면 동양 특유의 매력에 압도당한다. 그윽한 분위기에 정교하면서도 절제된 아름다움이 더해져 평온함까지 느낄 수 있기 때문이다. 대자연의 풍광이 주는 느낌과 달리 원림은 인간이 추구하는 이상을 담고 있으며, 돌 한 개 풀 한 포기에도 문화적 의미가 담겼다.

중국 원림은 문화와 예술을 하나로 만들었다는 데서 아름다움을 찾을 수 있고 또 진정한 의의가 있다. 북방의 황가 원림은 작은 오작교와 흐르는 시내, 깊숙이 이어지는 굽은 통로 등 뛰어난 경관과 웅장하고 화려한 궁전식 건축물로 황실의 위엄을 드러낸다. 대표적인 것은 북경의 이화원頤和園이다. 사가 원림 중에서는 강남 일대의 유원留園·졸정원拙政園·망사원罔師園 등이 빼어난 산수와 수목을 충분히 활용해 북방의 원림과는 또 다른 특색이 있다.

이런 원림은 조정 관리나 부유한 상인 또는 문인 들의 소유로, 저택과 함께 대청·서재 외에 정자와 회랑·누각·산수·수목이

세계 문화유산에 등록된 이화원. 중국에서 보존이 가장 잘 된 황가 원림이다.

어우러져 경관을 더욱 수려하게 만든다. 대부분의 사가 원림은 규모가 크지 않지만 자연을 그대로 옮겨놓은 듯하다. 이렇게 원림의 형식을 빌려 도시에 의도적으로 조성된 조경에는 시적 정취가 깃들였으며 그림 같은 아름다움을 담고 있다. 속세를 등지고 유유자적함을 누리려는 조영자의 마음을 드러낸다.

다양한 유형의 원림은 평온하고 행복한 삶에 대한 동경을 담고 있기 때문에 '생활 예술'이라고도 한다. 고대 중국인의 인생관·우주관, 각 계층의 생활 방식·삶의 가치·심미관 등이 다양하게 반

영되었다.

황제는 물론 부유한 귀족도 원림 소유가 일생의 낙일 만큼 원림은 고대 중국의 매력적인 생활 공간이었다. 여기에서 정치를 논하고, 연회를 열었으며, 사냥·오락·독서·글짓기·다과·음악 감상·시 낭독·그림 등 다양한 취미를 즐겼다. 세월이 흐르면서 이런 여가 활동은 풍부한 원림 문화로 자리 잡았다.

그 후 문인과 선비 들이 직접 자신의 원림 조성에 참여하면서 원림에 관한 이론이 등장하고 관련 서적까지 나왔다. 명나라 때의 계성計成이 쓴 『원야園冶』는 그중에서도 걸작으로 손꼽힌다. 이 책은 원림 조성 기법, 원림 지식, 경험, 조성 이론을 종합한 것으로 중국 고대 원림을 이해할 수 있는 중요한 열쇠다. 이렇게 이름 있는 문인과 장인이 이론과 실제에서 협력하면서 중국만의 미학을 담은 원림 예술이 탄생했고 중국 고전문화의 중요한 영역으로 자리 잡게 되었다.

중국 원림은 설계 단계에서부터 예술적 경지에 초점을 두었으며, 그 안의 산·물·식물·건축물이 만들어낸 공간은 단지 물질적 환경을 넘어서서 특유의 정신적 분위기까지 만들어냈다. 원림 설계가는 상징과 비유를 통해 시화 속 정취와 각 명승지의 장점을 살려냈다. 뿐만 아니라 원내에 사찰·저잣거리·주점 등을 지어 현실 속의 미학을 추구했으며, 중국 고대의 문학·회화·희곡 등과도 긴밀하게 접목시켰다. 특히 원내의 중심 건물에는 전통문화의 정수가 모두 집약되어 있다.

중국 원림은 전통 문화예술의 한 분야로 그 기원이 매우 오래되었다. 한국과 일본 등에도 큰 영향을 미쳤는데, 특히 일본의 고대 원림은 중국의 영향을 많이 받았다.

1699년 12월 31일, 프랑스 궁정은 중국의 명절 경축 방식에 따라 18세기 시작을 축하했다. 그것이 바로 유럽 문화사에 자주 등장하는 시누아즈리chinoiserie, 서양에서 로코코 시대 이후 중국적인 요소의 문양을 회화·건축 양식 등에 사용한 미술 양식, 즉 중국 기풍의 시작이다. 이를 계기로 순식간

뉴욕 메트로폴리탄 미술관에 전시된 명헌明軒.
석조 조경과 벽에 기대어 지은 반쪽의 정자다.

에 중국의 도자기 · 벽지 · 자수 · 의복 · 가구 · 건축 양식이 여러 유럽 국가에서 유행했다. 중국의 원림 예술 역시 이때 유럽으로 건너갔는데 영국 · 프랑스 · 독일 · 스위스 · 러시아가 특히 큰 영향을 받았다. 이를 계기로 유럽의 정원은 이제까지의 전통이었던 기하학적인 인공미에서 자연 풍광을 그대로 접목하는 중국식 정원으로 변화되었다.

중국 원림은 어떻게 형성되었고 또 어떤 발전 과정을 거쳤을까? 중국 원림은 얼마나 많은 종류가 있고 어떤 공통점·차이점이 있을까? 중국 원림은 오랜 세월을 통해 어떤 경험을 쌓았고 또 어떤 이론을 탄생시켰을까? 중국 원림으로 들어가 궁금증을 풀어보자.

【제1장】

중국 원림의 형성과 발전

원림은 자연과 인공이 완벽하게 결합된 아름다움이다. 제한된 공간에서 자연에 대한 동경이자 모방을 표현한 것이고, 풀 한 포기 나무 한 그루를 통해 장인의 마음을 담은 것이며, 자연을 가공한 것이다. 중국 원림은 인공으로 만든 가산假山 · 연못 · 정자 · 대臺, 흙 · 돌로 높이 쌓아 올려 사방을 바라볼 수 있게 만든 평평한 곳 · 누각 등 인공적인 요소와 화초, 나무 그리고 달과 바람 등 자연적인 요소를 한곳에 집약해 인간과 자연이 하나 되는 물아일체物我一體의 생활 예술로 탄생했다.

현존하는 북방의 황가 원림은 대부분 명나라, 청나라 때 지어졌고 황제의 거주 · 여행 · 연회 · 사냥 등의 목적으로 사용되었다.

때문에 규모가 매우 크고 배치와 조화에 공을 많이 들였으며 막대한 시간·자금·인력이 투입되었다. 남방의 사가 원림은 양자강 이남이나 문인들이 은퇴하고 살았던 고산이나 강가에 많이 분포한다. 일부 관료에게는 부를 과시하거나 황제의 신임을 얻기 위한 경쟁 무대가 되기도 했다. 북방의 원림은 크고 웅장하며, 남방의 원림은 아름답고 정교한 것이 특징이다. 이렇듯 비슷하면서도 개성이 뚜렷한 원림은 중국 전역에 분포되었으며 중국의 역사와 문화를 함축하고 있다.

황가 원림과 사가 원림 외에도 자연과 풍경에 인문 경관을 더한 개방적인 원림이 있다. 중국에서는 오악을 5대 명산으로 꼽는다. 동악 태산泰山, 남악 형산衡山, 중악 숭산崇山, 서악 화산華山, 북악 항산恒山이 바로 그것이다. 오악은 오랜 기간의 개발과 보존을 통해 공원처럼 개방적인 형태의 풍경 원림구로 거듭났는데, 항주의 서호西湖가 가장 전형적이다.

사원 원림은 중국 원림 역사의 보석 같은 존재다. 사원 원림은 사찰, 도관, 암자, 사당에 속한 원림으로서 규모가 큰 것은 황가 원림만큼이나 크고, 작은 것은 사가 원림처럼 작다. 자연 산수의 섬세한 가공을 통해 탄생한 사원 원림은 그것이 원림인지 자연인지 구분하기 힘들 만큼 정교하게 가공되었기에 자연의 일부처럼 여겨진다. 이름난 사원 원림으로 북경의 담자사潭柘寺·계대사戒臺寺, 태원

의 보사普祠, 소주의 서원西園, 항주 서호의 영은사靈隱寺, 승덕의 외팔
묘外八廟 등이 있다.

호남성 서부의 무릉원 풍경명승구武陵源風景名勝區. 동양적인 특색을 지닌 산수에 존재하며 신비한 기운이 감돌아 시화에 등장하는 세상 같다. 언뜻 보면 고대의 커다란 풍경화를 펼쳐놓은 것 같다.

사냥과 제례

중국 원림의 역사는 매우 오래되었다. 기원전 2100년에 이미 야생 짐승을 가둬 황제의 사냥터로 이용한 동산인 '유囿'가 등장했다. 은殷나라의 군주는 유 안에 높은 대를 짓고 하늘을 향해 제를 올렸다. 이곳을 '영대靈臺'라 부르는데, 영대는 축토, 즉 흙으로 쌓은 구조이며 그 규모는 상상하기 힘들 만큼 크다. 『신서新序 자사刺奢』에

“은나라 주왕紂王은 7년에 걸쳐 길이 1,178미터×높이 303미터 크기의, 사슴을 기르기 위한 녹대鹿臺를 지었는데 그 높이가 하늘과 구름에 닿을 듯했다.”라고 적혀 있다. 과장된 부분이 없지 않겠지만 은나라 시대의 건축이 규모 면에서 얼마나 거대했는지 짐작할 수 있다.

상고 시대에 낚시와 사냥으로 하루하루 연명하던 사람들은 생산력의 한계 때문에 자연에 경외심이 있었다. 그 결과 산수·들짐승·식물 등을 숭배하는 최초의 원시 종교가 탄생하였다. 당시 사람들은 깊은 숲이든, 넓은 들판이든, 사냥을 위해 울타리를 쳐놓은 원유苑囿든 그 어느 곳에나 신이 존재한다고 믿었다. 그래서 호수나 늪을 영소라 정하고 하늘에 닿을 듯 높은 영대를 쌓아 통치자가 신에게 제사를 올리는 곳으로 삼았다. 영대와 연못이 결합된 원림 형식은 원시 종교가 오랫동안 백성들의 관념 속에 자리 잡았음을 의미한다. 상고 시대 원림은 신에 대한 경배가 목적이었기에 엄숙하면서도 신비한 분위기를 띤다.

사냥과 제례는 중국 원림이 지닌 초기의 기능이다. 춘추 시대 이후 수많은 제후가 등장하면서 각국은 경쟁적으로 왕궁·원유·영대를 지었고 사치와 향락이 성행했다. 이 과정에서 영대·정자·원유의 성격과 규모에도 큰 변화가 생겼다. 상고 시대에 통치자만이 점유할 수 있었던 영대가 더는 신성이나 왕권의 상징이 아니었던 것이다.

수천 년 동안 수많은 시인과 화가를 매료시킨 계림桂林의 산수

국가의 형태가 갖춰지고 예법, 정무, 생활 등 사회활동이 명확히 구분되면서 원유에 있던 영대는 규모나 크기만을 추구하던 과거 양식에서 벗어나 주변 건축물과 유기적인 조화를 이루는 형태로 변화되었다. 원시 종교의 신비하고 음습한 기운은 점차 사라지고 미美가 강조되었으며, 숭배의 목적이 아닌 자연 자체의 아름다움을 깨닫고 찬미하게 되었다.

통일 국가의 상징

고대 중국에서는 왕권을 신으로부터 부여받는다고 믿었다. 그렇기 때문에 하늘로부터 권력을 부여받은 자, 즉 하늘의 아들이라는 뜻에서 황제를 '천자天子'라고 불렀다. 진秦나라는 6개 제후국을 차례로 멸망시키고 최초의 통일 국가를 수립했지만 얼마 지나지 않아 더 강한 중앙 집권 국가인 한漢에게 멸망당했다. 진과 한은 그 후 2,000여 년 동안 계속되는 중앙 집권 국가의 시초로서 중국 역사상 중대한 의미를 가지며 원림 예술에도 지대한 영향을 미쳤다.

중국 역사상 최초의 황제인 진시황

진한의 문헌에서 400여 년간 대형 토목 공사를 통해 조성된 여러 궁원宮苑의 기록을 찾아볼 수 있다. 기원전 221년, 진시황은 중국을 통일하고 방대한 봉건 제국을 수립했다. 그는 200,000가구를 섬서성 함양咸陽으로 이주시켜 인력과 자원을 총동원한 대형 토목 공사를 벌였다. 진나라의 황궁 건축은 규모 면에서 상상을 초월한다. 섬서성 흥평현興平縣에서 발견된 황궁 유적은 중앙 정궁의 크기만 해도 동서 1,100미터×남북 400미터에 달하고 남산南山과 위수渭水 등 산과 강을 황궁 안에 포함시켰다. 진한 시대의 왕궁 중 가장 유명한 것은 수도 함양 남쪽에 지은 아방궁阿房宮이다.

『사기史記 진시황 본기秦始皇本紀』는 "아방궁의 정전正殿은 동서 695미터×남북 151미터이며 2층에는 10,000명을 수용할 수 있고 1층에는 15미터 높이의 깃발을 세울 수 있었다."고 한다. 진시황은 또 함양을 중심으로 반경 수십 리의 땅에 200여 개의 궁을 더 짓고 비밀 통로를 만들어 궁전 사이를 연결하기로 결심했다. 그곳은 어마어마한 궁전인 동시에 원림이기도 했다. 이 엄청난 규모의 건축물은 완성되지는 못했지만 진시황의 야심이 얼마나 컸는지를 단적으로 보여준다. 진나라는 13년 만에 멸망했고 영원한 제국의 꿈은 아방궁과 함께 불타버렸다. 아방궁의 불길은 석 달이나 계속되었다고 한다.

제국이 멸망하고 함양은 폐허로 변했고, 진을 대신해 들어선 한은 함양 동남쪽의 장안長安을 수도로 정했다. 한의 황궁도 거대했다. 장안성에 위치한 궁전인 장락궁長樂宮·

한나라 시대의 조전문鳥篆紋 황동 주전자

미앙궁未央宮만 해도 경성 면적의 1/3을 차지할 정도였으며 상계궁上桂宮 · 북궁北宮 · 명광궁明光宮까지 합치면 경성 총 면적약 36,000,000제곱미터의 1/2을 차지했다고 한다. 이것은 명청 시대의 황궁인 자금성 면적720,000제곱미터의 50배에 달하는 크기다.

한의 국력과 원림 조성은 한무제漢武帝 때에 절정에 달한다. 한무제는 절대 권위를 드러내기 위해 상림원上林園 조성을 직접 주관하였다. 장안 남쪽에 있는 상림원은 북쪽으로는 위수의 남쪽을, 남쪽으로는 남산 자락을 끼고 있어 사방의 길이가 130~160킬로미터에 달했고 종남산終南山의 북쪽과 구준산九峻山 남쪽 자락 및 섬서성 중부 지역의 8대 강이 원내 남북을 가로질렀다. 상림원 안의 인공 연못인 곤명지昆明池만 해도 1,500,000제곱미터에 달해 수군 훈련이 가능할 정도였다고 한다.

상림원 안에는 12개의 궁전이 있었으며 도로 · 회랑 · 다리 · 누각 등을 지어 공간에 변화를 주었다. 또한 황제가 화초와 음악을 감상하고 동물을 키우며 수양버들을 즐길 수 있게 각각의 원림을 조성하였으며, 궁전 밖에는 작은 규모의 원림이 36개나 더 있었다. 그 밖에도 각종 과일나무와 관상목을 심고 여러 희귀한 짐승을 키웠다는 기록이 있는 것으로 보아 상림원은 식물원 · 동물원 · 과수원의 역할까지 했던 것으로 보인다. 한나라의 사학자 사마상여司馬相如가 상림원을 묘사한 글에서 "상림원의 남단에는 겨울에도 만물이 자랐고 북단에는 여름에도 얼음이 얼었다. 상림원은 후대에도 찾아보기 힘든 중국 역사상 가장 큰 원림이다."라고 했다.

상림원과 아방궁은 전란으로 소실되었지만 중국 원림 역사에 미친 영향은 매우 크다. 진한의 황궁은 통일 국가의 상징으로서 천지와 우주를 지향했고, 거대한 평면 공간과 건축·경관은 삼라만상에 근거한 당시의 정치관과 우주관을 반영하고 있다. 이렇게 인간·신·천지를 아우르는 문화 현상을 통해 시대적 특징을 볼 수 있다.

상림원의 인공 연못인 태액지太液池에는 인공섬을 세 개 두어 민간 설화에 나오는 영주瀛洲, 봉래蓬萊, 방장方丈의 3대 선산仙山을 표현했다. 후대의 황가 원림은 이렇게 연못에 3대 선산을 두는 조경 양식을 본받았고 사가 원림에까지 영향을 미쳐 '1지 3산一池三山' 기법이 원림 조성의 원칙으로 굳었다.

산수를 만끽하다

후한後漢이 멸망한 후 중국은 300년 동안 군웅할거 시대였으며 계속되는 전란으로 사회는 혼란스럽기 그지없었다. 국가는 흥망을 거듭하고 왕조가 빈번하게 바뀌었다. 뿐만 아니라 생산 활동도 크게 위축되어 경제는 매우 어려워졌고 인구마저 크게 감소했다. 그와 더불어 사상 면에서도 큰 변화가 있었다. 오로지 유가儒家 사상만 추앙하던 사학 풍조에서 벗어나 유교·도교·불교가 성행했다. 중국 문

동진東晉의 명화 〈낙신부도洛神賦图〉. 소박하고 평화로운 전원의 풍광을 느낄 수 있다.

화 역사의 독보적인 꽃으로 빛나는 위진풍도魏晉風度란 바로 이 시기의 명사들이 즐기던 문화적 특색과 정신문화를 지칭한다.

위진남북조 시대魏晉南北朝時代는 정치와 사회의 모순이 매우 심각했던 시기로, 사대부 계층은 과거제도나 정치, 나아가 인생 자체에 강한 환멸을 느꼈다. 이런 사회적 배경에서 자연으로 돌아가 무위도식하는 삶을 추구하는 도교가 성행해 현학玄學, 도가와 유가 사상을 결합해 우주와 존재의 근원을 탐구하는 학문이 크게 일어났다. 뿐만 아니라 67년에 전파된 불교가 중국 전역에 큰 영향을 미치면서 사대부 계층은 현세에 대한 의심·부정을 주장하는 불교와 청담사상清談思想을 강조하며 자연에 은둔하던 도교의 영향으로 정치 중심에서 벗어나 산수에 빠져 자유로운 영혼을 추구하기 시작했다.

이와 때를 같이하여 중국의 봉건 경제사회에서는 새로운 형식의 생산 조직인 장원莊園이 급속도로 성장했다. 이 자급자족의 경제 조직은 사상과 문화의 독립, 혁신을 가능하게 하면서 사대부 계층의 든든한 배경이 되었다. 사대부는 자연을 유람하는 것에서 그치지 않고 자신의 집에서도 야생의 매력과 전원의 느낌을 만끽하고 싶어 했다. 이것이 초기 형태의 사가 원림이다. 다만 지리·기후·경제적인 요건의 한계 때문에 거대한 석재로 풍경을 묘사하는 방식으로 실제 산을 이용해 원림을 조성하던 진한 시대의 축조 기법을 대신했다. 원림에는 소나무·측백나무를 가장 많이 사용했다. 사시사철 푸르고 꼿꼿하며 정직한 나무의 이미지로 자신의 절개와 인격을 드러내고자 한 것이다. 이 시기의 사가 원림은 경관과 사물의 관계가 더욱 복잡해지고 추구하는 바도 다양해졌다.

북위北魏 수도였던 낙양洛陽을 예로 들어보자. 성내에는 거주 마을이 220개가 있었는데 많은 사가 원림이 이 마을 안에 건설되었다. 『낙양가람기洛陽伽藍記』에 보면 낙양은 수자원이 매우 풍부했다고 한다.

낙양성에 살았던 고위 관료 장륜張倫의 원림만 하더라도 풀과 나무를 심어 야생의 자연을 그대로 옮겨놓은 듯했다. 인공으로 만

소흥 난정蘭亭의 희학지戱鶴池. 동진의 왕희지王羲之가 학을 감상하며 서예를 하던 고대 원림이다.

든 경양산景陽山이 있었으며, 큰 나무는 해를 가릴 정도였고 바람이
불면 등나무 넝쿨과 꽃이 아름답게 움직였다고 한다. 당시에 이미
사실적인 기법으로 산수를 재현하는 기풍이 유행했던 것이다. 원림
안의 건축물은 양식이 화려하고 아름다웠을 뿐 아니라 산수와 조화
를 이룬 절경이었다.

이렇게 물을 이용하고 돌을 겹쳐 산을 만들어내는 조영 기법
그리고 자연 경관과 정교한 조형미, 희귀한 초목, 굽은 통로와 고즈
넉한 오솔길을 지향하는 조경 양식은 후대의 원림 설계가에게 좋은
귀감이 되었다.

이 시기의 황가 원림은 대부분 경성의 궁 안에 건설되었는데 삼국시대 위나라의 수도 업성^{鄴城}, 북위 낙양성의 화림원^{華林園}과 서유원^{西游園}, 남조의 수도 건강^{建康}의 화림원^{華林園}과 낙유원^{樂游園} 등을 들 수 있다. 이런 황가 원림은 산수 · 초목 · 정자 · 누각으로 이루어졌는데 초기 황가 원림이자 사냥 목적으로 조성되었던 원유와는 여러 면에서 차이가 있다. 원내에는 인공으로 만든 오악 · 호수 · 섬이 있었고, 건물은 조각이 화려한 들보와 아름다운 마룻대로 구성되었으며, 처마는 나부끼는 치맛자락처럼 하늘을 향해 치켜들었다. 뿐만 아니라 물가에 가까이 건물을 짓고 긴 회랑 · 정자 · 다리를 연결하는 방식으로 황실의 존귀함과 사치스럽고도 화려한 기백을 강조했다.

원림 예술과 더불어 중국에는 사대부 문화가 본격적으로 발달하기 시작했고 시문 · 서예 · 그림 · 음악 · 음식 · 의복 등 각 영역에서 그 어느 시대보다도 큰 성과를 남겼다. 중국 원림에 반영된 휘황찬란한 산수 경관, 시문, 서예, 회화가 이 시기에 탄생한 것이다.

전국적으로 불교, 도교 사찰이 지어지면서 다수의 사원 원림이 나타나 황가 원림, 사가 원림과 어깨를 나란히 했다. 하지만 이때의 황가 원림은 진한 시기 절정의 화려함을 더는 재현하지는 못했다. 과거의 웅장하고 격식을 따른 원림보다는 작고 아름다우며 정교한 원림을 지향했기 때문이다.

태평성대의 낙원

581년, 수隋 왕조는 중국의 오랜 분열을 종식시키고 통일 국가를 수립한다. 하지만 37년 만에 당에 의해 무너지고 당은 통일된 중국의 새 주인으로 군림했다. 당唐 조정은 생산 증대와 사회 안정을 촉진하는 정책을 펼쳐 전국의 농업이 발전하고 경제가 번영했으며 정치는 안정되어 태평성대를 이룩할 수 있었다.

당의 수도인 장안은 수나라의 수도를 근간으로 건설되었다. 중앙 집권 제도의 상징으로서 수 · 당의 수도는 더욱 전반적인 기능을 갖추었다. 건축 종류의 다양화는 물론 그 안에 내재된 주종 관계가 더욱 뚜렷하고 엄격해져 성숙한 중앙 집권제 국가에 맞는 건축 양식으로 자리 잡아갔다. 이것은 중국 역사상 보기 드문 현상이다.

위진 시대 사람들의 산수에 대한 집착과 사랑이 정치적 실망과 현실 도피에서 비롯된 것이라면, 당나라 사람들의 원림 사랑은 태평성대의 필요에 따른 것이었다. 당의 황가 원림은 수도 장안 또는 동쪽 수도인 낙양성과 그 교외에 집중되었는데 그중에서도 규모가 가장 큰 것은 장안성 북쪽의 금원禁苑이다.

『사기』에는 금원이 동서 10킬로미터 × 남북 9킬로미터인 어마어마한 규모였다는 기록이 있다. 망춘궁望春宮, 어조궁魚藻宮, 구곡지九曲池, 방압정放鴨亭 등 24개의 작은 원림과 건물군을 보유한 금원은 당 황실의 주요 풍경구이자 사냥터였다. 해마다 황제가 후궁 · 왕

고대 회화 〈괵국부인유춘도虢國夫人游春圖〉. 당나라 귀부인의 야외 나들이와 자유로운 여가 생활을 묘사했다.

자·신하 들과 함께 이곳에서 사냥, 연회, 가무, 연극, 축국, 줄다리기, 투계 등 다양한 여가 활동을 즐겼다.

격구擊毬는 당나라 황제가 가장 즐긴 오락으로 대명궁大明宮의 좌신전군구장左神殿軍毬場, 동내원東內苑의 구장정자毬場亭子, 서내원西內苑의 함광전구장含光殿毬場 등 장안성에만도 격구장이 여럿 있었다. 당 중기에는 금원 남쪽의 이원梨園에 황가 예술학원을 설치하고 당현종이 직접 음악을 가르치기도 했다.

당나라의 궁원에는 '3내三內'와 '3원三苑'이 있었다. 3내는 궁과

청나라 화가가 그린 당나라의 명원名園. 왕유王維의 시에 등장하는 망천輞川 별서의 사슴 울타리를 묘사했다.

정원이 결합된 것으로 대명궁 앞 궁정구, 궁정구 북쪽의 원림구, 넓은 수면을 드러내는 중앙의 태액지가 선덕전宣德殿, 자신전紫宸殿과 함께 중심축에 있다. 이런 전궁후원前宮後園 배치는 후세의 황궁과 경성 건설의 기본 형식으로 굳었다.

장안성 동남쪽의 곡강지曲江池는 부용원芙蓉園이라고도 하는데 황실의 원림으로 쓰이다가 백성들에게 개방되었다. 연못가를 따라 아름다운 건물·정자·누각이 서 있으며 희귀한 꽃과 나무가 주변을 둘러싼 이곳은 장안성에서도 가장 아름다운 풍경 원림구다.

섬서성 임동臨潼의 구룡지九龍池. 당나라 행궁 유적에 조성된 풍경원이다.

해미다 음력 3월 3일 상사절上巳節과 9월 9일 중양절重陽節이면 아름다운 천과 등불이 천지를 뒤덮고 여러 노점이 호수 양쪽에 길게 늘어서 백성이 함께 노래하고 즐겼다. 황제와 가족들도 이곳을 방문해 문무백관과 연회를 열었는데, 이날만큼은 백성들의 출입도 허락되어 남녀노소, 신분 고하를 막론하고 다 함께 축제를 즐겼다. 당의 황가 원림은 대중이 함께 즐기는 공원 역할을 했다. 이렇게 제왕·왕족·백성이 신분을 뛰어넘어 함께 즐기는 문화는 중국 역사에서 매우 보기 드문 현상이다.

당나라가 문화·예술 면에서 눈부신 발전을 이루자 사가 원림도 더욱 발전했다. 사람들은 당시唐詩로 자연 풍광을 묘사했고 산수화도 독립된 화풍으로 발전했으며 걸출한 산수화가가 수없이 많이 탄생했다. 이렇게 산수를 노래하고 묘사한 시화의 발전과 창작 기법은 원림 조성에 결정적 역할을 했다.

시인이자 화가인 왕유王維도 장안성 부근의 망천에 별서別墅를 지었다. 산·호수·나무가 어우러진 뛰어난 자연 풍광의 계곡에 원림을 앉히고 사슴 우리, 버드나무 길 등 20개의 경관을 만들었는데 원내의 경관이 모두 그림처럼 아름다웠다고 한다. 시대를 초월해 지금까지도 사랑받는 왕유의 주옥 같은 작품은 모두 이곳에서 탄생했다.

그는 또한 〈망천도輞川圖〉를 그려 별서의 아름다움을 섬세하게 담아냈다. 왕유의 원림은 수몰되었지만 후세의 많은 사람들에게 찬사를 받았다. 특히 청나라의 건륭제는 원명원 내에 왕유의 망천 별서를 흉내 낸 북원산촌北遠山村을 만들 정도였다.

태평성대의 문인들은 매우 즐거웠을 것이다. 백거이白居易는 낙양에 자신이 설계하고 감독한 저택을 지어놓고 문인들을 불러 술·가무·시를 즐기며 여가를 보냈다고 한다. 해마다 가을이면 백거이는 원림에서 술을 마시고 금琴을 탔으며, 취기가 오르면 악공을 불러 정자에서 공연을 열었다. 아름다운 음악 소리가 물안개 피어오

10세기 궁정화가가 그린 〈중병회기도重屛會棋圖〉. 이 그림을 통해 고대 제왕의 황실 내부 배치를 알 수 있다.

르는 연못과 어우러져 더할 나위 없는 정취를 만들어냈다.

이렇게 풍류를 즐길 줄 아는 백거이는 강서성 여산의 향로봉 북쪽에도 '여산초당盧山草堂'을 지었다. 나무로 만든 창과 흙벽으로 집을 짓고 옻칠도 하지 않은 여산초당은 종이를 바른 창문에 대나무 발을 드리워 소박한 운치를 자아냈다. 원내에는 커다란 노송, 청아하고 푸른 죽림, 정교하고 빼어난 자태의 석조 조경이 있었으며 천연의 폭포 소리가 울려 퍼졌다고 한다.

문인들이 조성한 원림은 그들의 인생관을 반영한다. 황가 원림의 웅장한 기백이나 관료들의 사가 원림이 지닌 화려한 기풍과 달리 담백하고 수수한 품격을 지닌다. 당나라 때 발달한 문인 원림은 후대의 원림 발전에 밑거름이 되었다.

항아리 속 세상

송나라 때는 원림 조성이 성행했다. 황가 원림, 사가 원림, 사원 원림 외에도 성내의 찻집·술집에서도 연못을 파고 돌을 쌓아 가산을 만든 원림을 조성하여 손님들을 끌어들였다.

『후한서後漢書 방술전方術傳』에는 다음과 같은 고사가 있다. 한나라 때 비장방費長房이라는 사람이 있었다. 어느 날 비장방은 이상한 광경을 보았다. 약장수 할아버지가 항아리 속으로 사라진 것이다. 신기하게 생각한 그는 할아버지의 뒤를 밟았고, 결국 할아버지 손에 이끌려 항아리 속으로 들어갔다. 항아리 속에는 옥으로 만든 화려한 저택에 산해진미가 차려져 있었다. 비장방은 할아버지와 함께 술과 음식을 마음껏 먹고 나서 항아리 밖으로 돌아왔다. 겉으로 보기엔 작은 항아리였지만 그 안에는 별천지가 있었다. 고대 중국인은 원림을 통해 신선이 살았던 항아리를 구현하고자 했던 것 같다.

간악艮岳은 송나라의 수도 변량汴梁에 있는 송의 대표적인 황가 원림이다. 한당 시대에 성행했던 수백 제곱킬로미터 규모의 황가 원림과 달리 간악의 실제 면적은 몇 제곱킬로미터에 불과했고 가장 높은 봉우리도 125미터를 넘지 않았다. 그럼에도 간악은 중국 원

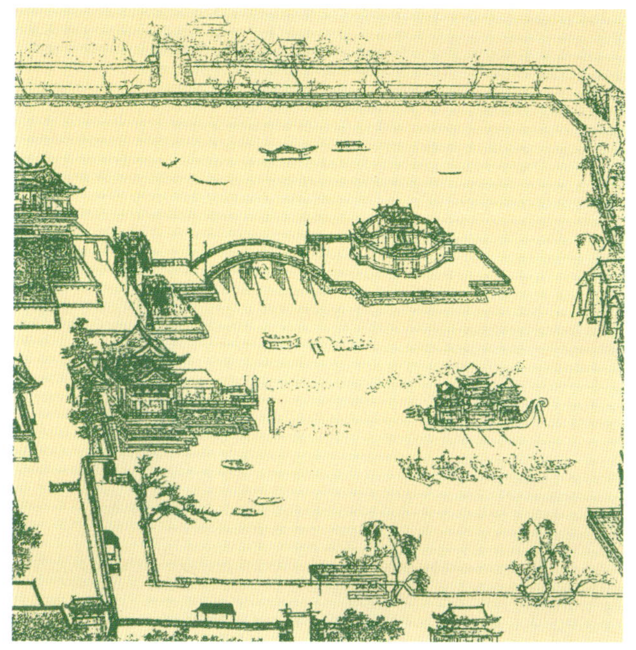

송나라 시기의 그림 〈금명지타표도金明池奪標圖〉에 담긴 변량의 황가 원림

림 역사상 가장 중요한 위치를 차지하며, '천하제일의 아름다움이
자 고금의 으뜸'이라 일컫기도 한다. 그 작은 공간에 아름답고 화려
한 원림을 어떻게 만들 수 있었을까.

간악의 가장 큰 특징은 집약이다. 즉 아름다운 경관을 모아놓
은 것이다. 원내에는 산수 · 전각 · 초당 · 꽃 · 나무가 함께 어우러
져 다양한 볼거리가 넘친다. 이곳에는 소흥의 감호鑒湖, 항주의 비래
봉飛來峯은 물론 도연명陶淵明의 글에 나오는 복숭아나무 계곡, 임포
林逋의 글에 나오는 매화 연못 그리고 전설 속의 팔선관八仙館과 농촌

송나라 시기의 〈청명상하도清明上河圖〉에 묘사된 술집의 정원

의 장원이 모두 들어 있다. 원내의 자연 환경은 서로 연결되며 소박하고 함축적인 예술적 특색을 자랑한다. 걸음을 옮길 때마다 다양하게 변화하고 깊이를 더해가는 경관은 작은 규모임에도 큰 기쁨을 주기 때문에 산수와 수목의 정수를 농축한 원림이라는 찬사를 받기에 충분하다.

당나라의 중후반기에 탄생한 작고 정교하며 집약적인 원림 기풍은 송나라에 이르러 절정의 성숙미를 발산한다. 이때의 문인 원림은 과거에 비해 규모가 줄어들었지만 그 작은 공간에도 계곡·언덕·샘물·연못·섬·꽃·나무·바위·정자·대청·초당 등 없는

송나라 시기의 〈청금도聽琴圖〉. 금을 타는 사람은 송나라 황제 휘종으로 이 그림의 작가이기도 하다.

것이 없었다. 이 작은 원림에 자연의 변화를 모두 담아내기란 보통 힘든 일이 아니다. 하지만 송나라 사람은 전례 없이 뛰어난 창조력과 예술적 능력을 바탕으로 훌륭한 '항아리 속 세상'을 만들어냈고 중국의 전통 미학 역시 이 시기에 최고조에 이르렀다.

송나라의 사가 원림, 즉 관료와 문인 들의 원림은 개봉·낙양·소주·항주에 가장 많이 분포되었으며 또한 가장 전형적인 형태를 띤다. 정원과 기둥의 대련, 편액, 아름다운 바위, 서까래, 실외의 분재, 금붕어 어항, 양탄자, 장식품 등의 원림 소품은 이전 시대에 비해 종류가 다양하고 풍부해졌을 뿐 아니라 후세의 사람들까지도 입을 다물 수 없을 만큼 아름답고 정교한 작품으로 가득했다.

이 시기의 300년은 중국 원림의 성숙기라고 할 수 있다. 이때 조정에서는 『영조법식營造法式』이라는 책을 편찬했다. 송대의 건축 설계와 시공에 관한 내용을 담은 이 책은 건축 자재의 높이·두께를 등급으로 나누고 자세한 설명을 곁들여 오늘날 고대 건축 설계의 기본 법칙을 이해하는 데 귀중한 자료다. 또한 여기에 적용된 건축 기법은 비율적으로도 완성도가 매우 높아 당시 중국의 목공물이 매우 성숙한 단계에 이르렀음을 알 수 있다. 그림에서도 이 시기의 건축 유형과 형식의 다양성을 엿볼 수 있다. 화려하며 섬세한 품격은 웅장하고 기백이 넘치는 당나라의 기풍과는 사뭇 다르다.

하늘과 땅을 품안에

중국 역사는 원元을 거쳐 명청 시대를 맞는다. 사실적인 기풍의 산수화는 원나라 때 성숙기로 접어들어 원림 발전을 촉진했다. 황가 원림, 사가 원림, 사원 원림, 자연 풍경을 그대로 살린 자연 원림이 두루 발달했다. 이때 중국 고대 사회 후기의 대표작인 원명원이 탄생한다. 이 시기에는 원림 예술이 한 단계 더 발전했고 특색 있는 원림 조성 이론도 속속 등장했다.

명나라의 대표적 황가 원림은 만세산萬歲山과 태액지 황성 안의 서원西苑, 자금성 내의 어화원御花園이 있다. 청나라 때는 황가 원림과 사가 원림이 크게 발전했는데, 현재 우리가 볼 수 있는 대부분의 고대 원림이 청나라 때의 것이다.

만리장성 북쪽 승덕시에 위치한 피서산장은 한족, 몽골족, 티베트족의 건축 특징을 집약한 것으로서 세계적으로도 보기 드문 종교 건축의 수작이다. 또한 위치에 따라 다양한 풍경을 감상할 수 있다. 호수구에서는 강남의 수려하고 아름다운 호반을 느낄 수 있고, 산악구에서는 서북 산지의 웅장한 기운을 볼 수 있으며, 평원구에서는 특별하고 이국적인 푸른 들판을 감상할 수 있어 '원림 종합 예술관'이라는 별칭이 있을 정도다.

원명원을 관람한 서양인들은 원명원을 '원림 중의 원림'이라고 극찬했다. 시대별 원림의 정수를 집약했을 뿐 아니라 장춘원長春園

고요한 북해北海

북쪽의 바로크 양식 분수대와 서양루西洋樓에서 볼 수 있듯 서양의 건축 기법까지 반영했기 때문이다. 이렇게 중국 원림 예술은 오랜 시간 발전 단계를 거치면서 동서양의 문화를 복합적으로 받아들여 격조 있는 중국 예술로 승화되었다.

청나라의 사가 원림은 남경·소주·양주 일대에 모여 있는데 양주의 원림은 그중에서도 가장 전형적인 특징을 지닌다. 양주의 개원个園은 원내에 산이 있고 산 안에 정자가 있으며, 정자에 오르면

녹양綠楊 성곽과 수서호瘦西湖, 평산당平山堂 등의 절경을 한눈에 볼 수 있게 설계되어 고도의 원림 예술을 자랑한다.

* **정원**庭園

  정원은 일본인들이 메이지 시대에 만들어낸 말로, 도심의 주택에 인위적인 조경 작업을 통하여 만든 뜰을 가리킨다. 원림은 이런 인위적인 정원과 대비되는 말로 자연을 거스르지 않고, 있는 그대로를 유지하며 적절하게 건축을 배치해 자연과 하나 되는 공간을 의미한다.

【제2장】

명청 시대의 사가 원림

명청 시대의 사가 원림은 인구가 많고 물자가 풍부하며 오랜 전통 문화가 발달한 강남과 당시의 정치 중심지인 북경 일대에 집중되었다. 강남의 고도시인 소주만 하더라도 20세기 초에 이미 170여 곳의 원림이 있었고, 지금까지 완전한 모습으로 남아 있는 원림만도 60곳이 넘는다.

그 가운데 시야가 훤히 트이고 깔끔하며 정자와 누각이 우아한 졸정원拙政園, 아름다운 회랑이 건물을 둘러싸고 기암괴석이 웅장한 유원留園, 고즈넉한 작은 산과 맑은 물이 돌아 흐르는 창랑정滄浪亭, 격조 있고 정교하며 간결한 멋을 풍기는 망사원網師園 등이 대표적인 수작이다.

이 원림들은 건축·산수·꽃·나무로 이루어진 종합 예술 작품이며, 자연미·건축미·회화적 아름다움까지 함축하고 있어 중국 원림의 표본이자 세계 문화사에서도 가치가 높은 유산으로 손꼽힌다. 원림의 도시라고도 하는 소주에서는 어디를 가든지 작은 다리 밑에 물이 흐르는 고원古園과 거기에 녹아 있는 오랜 역사의 흔적을 만나볼 수 있다.

강남의 사가 원림

강남의 사가 원림은 소주, 양주, 무석, 항주 등지의 원림을 대표로 꼽을 수 있다. 명청 시대에 소주의 경제와 문화는 절정에 달했으며 원림 조성 예술도 매우 성숙한 단계였다. 때문에 수많은 원림 예술가가 탄생했고 원림 조성 활동도 최고조에 달했다. 소주의 원림은 정교하고 섬세한 설계로 자연은 물론 자연을 뛰어넘는 심오한 심미관을 드러낸다. 그중에서도 사자림獅子林과 졸정원, 유원, 망사원, 창랑정은 유네스코 세계 문화유산으로 등록되었다.

양주의 원림은 대부분 저택과 원림이 붙어 있는 택원宅園인데 도시가 번영할 당시에는 성내의 거리, 교외의 강가에서 원림이나 별장을 쉽게 볼 수 있었다. 청나라 건륭제 시기에는 '24경'과 '수서호瘦西湖 원림구'로 명성을 떨쳤다. 당시 양주의 원림은 소주보다도 그 수가 많아 '양주 원림은 천하제일'이라는 찬사를 들을 정도였지만 아쉽게도 전쟁으로 대부분 소실되어 거의 남아 있지 않다.

항주에는 유명한 서호 풍경 원림구가 있다. 항주의 원림은 대부분 서호를 중심으로 분포하는데 원림이 반영하는 주제도 매우 다양하다. 그중에서도 중국의 원림 예술을 가장 잘 반영한 것은 1907년에 지은 서호 제일 명원 곽장郭莊이다. 당시 사람들은 원림을 조성하는 데 열을 올렸으며 인간의 도리와 원림을 접목시켜 생각했다. 즉 원림을 조성하는 것을 일종의 수양으로 생각한 것이다. 자손들이 원림에서 독서·시·그림·작곡 등의 여가 생활을 즐기며 인생의 도리를 깨닫고 반듯한 인격을 수양하기를 염원하였다. 이렇듯 원림이란 인간의 정과 마음뿐 아니라 우주의 이치까지 담긴 심오한 예술의 결정체다.

조성 배경

명청 시대 이후의 사가 원림은 강남 지역에 집중되어 있는데 이것은 결코 우연한 현상이 아니다. 강남 지역이야말로 자연, 경제, 인문 등 다양하고도 뛰어난 환경 조건을 지녔기 때문이다.

강남의 뛰어난 자연 환경과 사가 원림의 발달은 불가분의 관계다. 우선 강남 일대에는 강과 호수가 많고 물줄기가 사방으로 흐르기 때문에 원림으로 물길을 끌어들이기가 쉬웠다. 또한 온대 기후 지역의 특성상 겨울이 그다지 춥지 않고 습도가 높아 각종 관상목과 화초가 자라는 데 유리하며 품종도 다양했다. 뿐만 아니라 강남 일대에는 석재가 많이 나는데 남경·의흥宜興·곤산昆山·항주·호주湖州 등지에서는 황석黃石이 많이 나고 소주에서는 태호석太湖石이 많이 난다. 태호석은 강이나 호수의 돌이 흐르는 물에 오랫동안 깎이면서 색깔이 변하고 주름과 무늬가 생겨 정교한 모양인데, 원림의 가산 조성에 많이 쓰인다. 이렇듯 강남에서는 원림에 물을 끌

수려하고 정교한 강남 문인 원림의 동문洞門 너머 경치가 벽에 걸린 액자 같다.

어들이고, 돌을 쌓아 산을 만들며, 건물을 짓고 진귀한 화초를 심는 작업이 모두 가능했다.

강남은 도시와 농촌을 막론하고 여느 북방 지역보다 인구 밀집도가 높다. 기후와 토양, 물자가 풍부한 자연 환경과 특수한 지리 요건 때문이다. 그래서 예로부터 강남을 '어미지향魚米之鄕, 생선과 쌀의 고향이라는 뜻'이라 일컬었으며 중국 역사상 경제적으로도 매우 중요한 위치를 차지했다. 특히 수나라 때 남북을 잇는 대운하大運河를 개통하면서 양자강과 대운하의 2대 수로가 만나는 교착지로서 서부와 북부의 광활한 땅을 연결해주었다. 소주·항주에서 나는 비단은 한나라 때부터 세계적으로 명성을 날렸다.

또한 2,400년 역사의 고도 양주는 운하 남단의 물류 집결 항구로 당나라 때 이미 대외 개방의 중요 기점이 되었다. 명청 시대에는 강남의 상업 무역 중심이자 중요 항구 역할을 하면서 전국의 부유한 상인들이 모여들어 명실상부한 농업·수공업·상업 발전의 요충지가 되었다.

강남의 경제 번영은 건축업의 지속적인 발전을 가져왔고 건축 자재와 기술 수준을 한 단계 끌어올렸다. 건축업의 오랜 부흥으로 명인이 많이 탄생했는데, 강남의 목공 장인·기와 장인·진흙 장인들이 정교한 기술로 전국적인 명성을 얻었고 그중 일부는 황궁 건설까지 참여했다. 명청 시대 북방에서 활동한 유명한 장인들은 대부분 남방 출신이었는데 당시 남북의 건축 기법과 기풍은 큰 차이가 있었다.

원림 조성은 문화 건설이라고 할 수 있다. 그렇기 때문에 원림을 짓기 위해서는 물리적 여건은 물론 인문 환경도 갖추어야 한다. 강남은 역사가 길고 심오한 한족 문화가 이어져 오는 곳으로 예로부터 문인과 성현을 많이 배출했다. 경제와 문화가 발달하면서 문인들이 강남으로 몰려들었는데 시인 백거이·소식蘇軾 등은 항주의 지방 관리 출신이다.

① 양주의 수서호. 양주는 천일염 · 쌀 · 찻잎의 집결지로서 중국에서 가장 부유한 도시였다.
② 외부 화랑과 연결된 관람용 정자 ③ 원림 안의 수상 누각

강남의 수려하고 멋스러운 전원 풍경

  그들은 서호의 치수 사업과 제방 쌓기, 호반 녹화, 주경 공사 등을 감독하고 서호를 최고의 풍경 원림 지구로 만든 일등공신이며 서호를 찬미하는 아름다운 시를 남겨 풍부한 인문 환경까지 더했다. 남송南宋은 수도를 임안臨安으로 옮겼다. 그때 따라온 수많은 관리와 문인 들은 아름다운 시화와 글을 남겼고 독특한 강남 문풍文風을 창조했다. 특히 원림 예술에 직접적인 영향을 미친 산수시와 산수화는 강남에서 가장 크게 번성했다.

  남송 이후 관리·거상·문인 들이 항주로 몰리면서 원림 조성

소흥 동호東湖 풍경 원림의 경관

은 절정에 이르렀다. 명청 시대에는 과거를 통해 인재를 뽑았는데 그렇게 뽑힌 경성의 관리 가운데 강남 출신의 선비가 매우 많았다. 강남 출신의 선비들은 나이가 들어 관직에서 물러난 후에 대부분 전원으로 돌아가 사가 원림을 짓고 여생을 즐겼다.

청나라 후기에 북방에서는 전란이 끊이지 않았다. 때문에 관료·상인 들은 앞다투어 남쪽으로 이주하고 절강성 일대에 저택과 원림을 지어 난을 피하고자 했다. 원림의 소유주는 대부분 시화에 능하거나 문인들과 가까이하기를 즐겼기에 저택과 원림을 짓는 데 정성을 들였고 조성과 설계 과정에 직접 참여하기도 했다. 이렇게 명청 시대 강남의 사가 원림은 수량뿐 아니라 품격 면에서도 절정에 이르렀다.

강남 명원名園 감상

무석 기창원寄暢園

무석의 기창원은 강남에서도 유명한 산록에 딸린 원림으로, 정밀하고 오묘한 원림 조성 예술과 독특한 기품으로 명성을 떨쳤다. 기창원은 400여 년의 역사를 지녔는데 처음에는 명나라 정덕正德 연간1506~1521의 병부상서 진금秦金의 별장이었다. 1591년에 이르러 진금의 후손 진요秦耀가 기창원으로 개조했고 후손들이 지속적으로 증축·수리했다. 기창원은 강남 원림의 굴곡 있고 완만하면서도 자연을 모방한 특색을 그대로 지녔으며, 가산을 이용한 기법으로 자연과 융화된 소박하고도 청아한 운치를 자랑한다.

기창원의 서부로 들어가면 고목·계곡·샘물 소리가 어우러져 숲속에 있는 듯한 착각을 불러일으킨다. 원내 어디서나 가산을 볼 수 있는데 전체 면적의 2/3가 산으로 덮여 있다고 보면 된다. 가산 위에는 각종 관상목과 화초가 아름다우며 산세를 따라 계곡과 오솔길이 나 있다. 혜산惠山에서 끌어온 계곡물은 높낮이가 다른 가산의 산세를 따라 흘러내리며 시원한 물소리를 낸다. 물과 계곡이 만들어내는 고즈넉한 분위기 덕분에 다양한 소리가 들리는 계곡이라는 뜻의 '팔음간八音澗'이라는 별칭으로 부르기도 한다.

원림의 동쪽 '금회의錦匯漪'라는 연못은 남북이 길고 동서가 좁은 직사각형으로 전체 원림 면적의 약 17퍼센트를 차지한다. 연못의 북쪽에는 평평한 다리와 회랑 다리가 수면을 가로질러 자칫 심심할 수상 풍경에 또 하나의 경관을 선사한다. 북쪽 끝 연못이 끝나는 곳에 회랑 다리가 있는데 물줄기가 다리 밑으로 사라지면서 물길이 끝없이 이어지는 듯한 착각을 일으킨다. 금회의는 그다지 크진 않지만 연못가에 굴곡이 있고 수역이 여러 개로 나뉘어 지루하거나 협소하다는 느낌이 들지 않는다.

가산과 연못의 규모에 비해 기창원에는 건물이 그

무석 기창원의 평면도

다지 많지 않다. 입구에 있는 사祠 · 당堂 · 재齋를 제외하고 정자 몇 개, 고대, 누각, 다리가 연못 주변에 있을 뿐이다. 그중에서도 연못의 동쪽에 있는 수상 누각 지어함知魚檻은 수역의 중심부에 있는데, 연못 서쪽에 펼쳐진 가산 풍경을 한눈에 감상할 수 있다.

북쪽의 가수당嘉樹堂은 지대가 높고 개방적인 기창원의 핵심 경관이다. 가수당에 들어서면 원림 밖의 혜산과 사찰이 눈앞에 펼쳐지고 석산탑錫山塔의 그림자까지도 볼 수 있다. 때문에 바람에 물결치는 연못과 더불어 그림 속을 노니는 것 같은 느낌이 든다. 석산錫山과 혜산이 기창원에 존재하는 것보다 더 그윽한 정취를 만들어낸 것이다. 1,667제곱미터의 좁은 지역임에도 여러 조경이 집약되어 무한한 경지를 느낄 수 있다.

연못 서북쪽에 자리 잡은 함벽정涵碧亭은 회랑과 회랑 다리를 통해 지어함과 만난다. 이곳은 주변을 감상하고 휴식하기에 더할 나위 없이 좋다. 정자와 회칠을 한 새하얀 벽, 아름다운 문양의 누창漏窓. 창살로 화려한 문양을 만들어 화창花窓이라고도 하고, 창살 이외에는 안팎이 트인 구조라서 누창이라고도 한다이 원림의 경관을 더욱 아름답게 만들기 때문이다.

면적이 크지는 않지만 명확한 공간 계획을 통해 가산, 바위, 연못의 모양, 건축과 세부 건물을 세심하게 배치함으로써 기창원만의 특색 있는 경관이 탄생했다. 특히 산과 물의 농염한 정취와 드물게 들어선 건축물로 이뤄진 아름다운 원림의 환경은 당송 시대 이후

기창원 수역의 중심인 지어함

지속된 문인 원림의 기풍을 계승한 것으로 현존하는 명청 원림 가운데 손꼽히는 수작이라 할 수 있다.

졸정원拙政園

졸정원은 강남에 있는 또 하나의 이름난 사가 원림으로 강남 수향水鄕의 독특한 분위기를 그대로 담고 있다. 졸정원은 소주蘇州 동북쪽에 있으며 명나라 정덕 연간에 조성되기 시작했다. 처음에는 왕헌신王獻臣의 택원이었으나 주인이 여러 차례 바뀌었다. 졸정원은 동원, 중원, 서원으로 나뉘는데 총 면적이 41,000제곱미터에 달해 대형 사가 원림으로 손꼽힌다.

오늘날 중원·서원은 원래의 모습을 간직한 반면 동원은 새로운 원림으로 개조되었다. 지금의 졸정원은 정덕 연간의 모습과는 차이가 크지만 여전히 사가 원림의 대표작으로 꼽히기에 손색이 없다.

졸정원의 중원은 원림의 핵심 부분으로 공간 구획상 절반은 북쪽의 수역, 나머지 절반은 남쪽의 육지 구역으로 나눌 수 있다. 그중에서도 육지 구역은 원림 건축물이 집중된 곳으로 정자·당·누각·관館 등이 모여 있다. 경관의 조합 측면에서 보면 동쪽에서 서쪽까지 세 부분으로 나눌 수 있는데 중앙이 가장 중요한 핵심 부분이다. 먼 곳에서도 향기를 느낄 수 있다는 뜻의 원향당遠香堂은 원림의 한가운데에 있는데 졸정원에서 가장 큰 대청형 건축물로 물을 끼고 있다. 북향으로 넓게 개방된 월대에서는 맑고 투명한 연못물을 볼 수 있고 여름철에는 연꽃 향기가 바람을 타고 날아들어 그윽한 정취를 느낄 수 있다. 원향당 내부는 정교하고 아름다운 유리창으로 전면이 장식되어 있다. 실내에서도 사면의 경치를 한눈에 감상할 수 있어 한 폭의 산수화를 펼쳐놓은 듯하다.

졸정원의 동원에는 해당춘오海棠春塢, 영롱관玲瓏館, 가실정嘉實亭, 청우헌聽雨軒 등으로 이루어진 건물군이 있다. 담장과 가산으로 둘러싸여 녹립된 공간을 이루는데, 그 안에 비파나무가 있어 비파원

무석 기창원. 동문으로 엿보이는 녹색 세상

枇杷園으로 불리기도 한다. 졸정원의 서원에는 옥란당玉蘭堂 · 득진정
得眞亭 · 향주香州 등의 건물이 있으며 긴 회랑과 가산이 넓고 확 트인
뜰을 둘러싸고 있다.

졸정원의 중원은 개방된 수상 풍경을 위주로 여러 건축물이 있
다. 건축과 연못 두 요소의 결합으로 변화무쌍한 경관의 풍경 원림
구로 탄생하였다. 중원의 북반구 수역에는 흙과 돌을 쌓아 만든 섬
두 개가 있다. 연못의 서쪽 면과 접한 섬의 정상에는 '설향운울정雪
香雲蔚亭'이 있고 멀리 원향당과 마주 보고 있다. 섬의 서쪽 끝에는 하

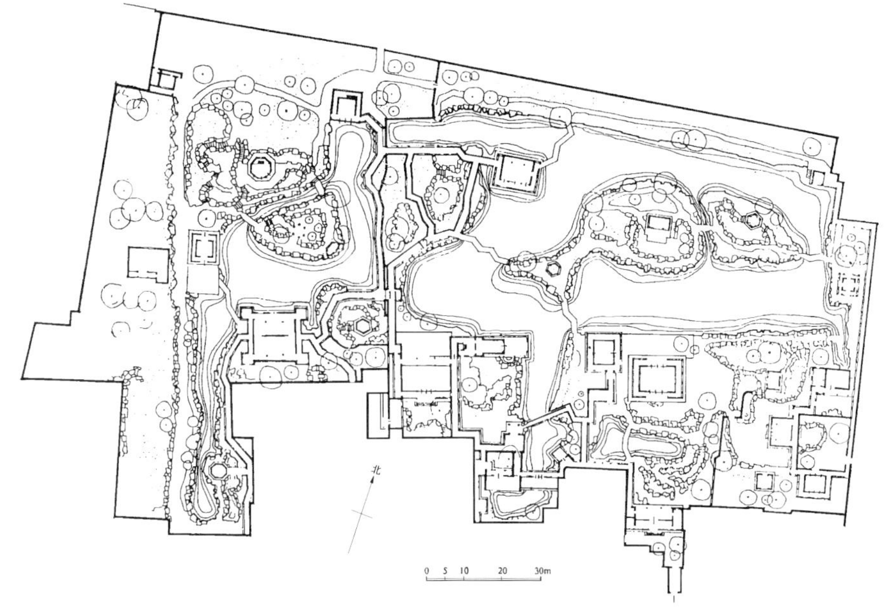

소주 졸정원 평면도

풍사면정荷風四面亭이 있다. 아름다운 연꽃으로 말미암아 얻은 이름이다. 연못가 삼면에는 버드나무가 빽빽하고 부용꽃이 주위를 둘러싸고 있어 자연스럽게 담장을 이룬다. 높은 곳에서 하풍사면정을 내려다보면 수면 위로 튀어나온 날렵한 처마의 정자가 돋보여 연꽃으로 꽉 찬 연못에 아름다운 구슬이 박힌 듯한 느낌이다.

동쪽의 작은 섬에는 북산정北山亭이 있다. 두 섬 사이, 섬과 연못가 사이는 다리로 연결되어 원림 감상에 편의를 제공하는 한편 그 사체로도 멋진 경관이 된다. 연못의 시북쪽은 견산루見山樓이다. 건

졸정원 유청각의 내부. 창문 · 가구 등이 정교하고 아름다운 목공 예술품이다.

산루는 졸정원 북쪽 지역의 주요 경관으로 물에 비친 설향운울정을 볼 수 있고 멀리 향주香洲 · 소비홍小飛虹 등도 감상할 수 있다. 연못 서쪽에는 소비홍과 소창랑小滄浪이라는 회랑 다리 두 개가 수면을 가로질러 수역을 나눈다. 물줄기의 끝을 가려 고인 물의 느낌이 나지 않게 한 것이다.

중원의 남단에는 건축물이 집중되어 있지만 청廳, 당, 정, 방舫, 배 모양을 본떠 만든 수상 건축물 등 그 형태가 다양하고 회랑 · 다리 · 가산이 중간중간 조화를 이루는 데다 비파·해당 등 특색 있는 식물이 자태를 뽐내기 때문에 전혀 단조롭거나 답답하지 않다.

졸정원의 서원 역시 수상 풍경이 위주인 공간이며 면적은 중원의 절반 정도다. 연못은 남북을 향하며, 수면이 넓어지는 곳에 작은 섬이 있어 좁고 긴 곡척曲尺 형태이다. 이곳의 주요 경관은 북쪽에 집중되었다. 연못의 북단에는 그림자가 거꾸로 비치는 누각이라는 뜻의 도영루倒影樓가 있다. 물과 가까운 쪽은 기둥 사이가 유리로 장식되어 있어 실내에서도 물에 비친 아름다움을 한눈에 감상할 수 있다. 밤이면 물에 비친 달, 흐르는 구름, 수면에 흩뿌려진 달빛이 절경을 이룬다.

연못의 남쪽 면은 36원앙관三十六鴛鴦館인데 여름과 가을에는 물에서 사이좋게 노니는 원앙을 창으로 볼 수 있다. 물 위에 떠 있는 것 같은 긴 회랑은 졸정원의 중원과 서원을 자연스럽게 연결해 매력을 더한다. 연못 옆의 유청각留聽閣은 추상적으로 만든 배 모양의 건물로 연못 가득 핀 연꽃을 헤치고 곧 출항할 것만 같다.

졸정원 연못은 전체 원림의 3/5을 차지하고 주요 건축물도 대부분 수면에 접해 있다. 향주의 석방石舫은 아름다운 배 모양의 외관이 돋보이며 뱃머리에 서면 발 아래로 물보라가 이는데, 사면의 시야가 확 트이고 빛이 잘 통해 과거 왕족들이 즐기던 뱃놀이를 하는 것 같은 느낌이다.

졸정원 중원의 수상 풍경. 연못이 전체 원림의 3/5을 차지한다.

또한 원림에는 여러 품종의 초목이 있어 볼거리가 다양하다. 이른 봄 설향운울정에서는 추위에도 꽃을 피우는 매화를 감상할 수 있고, 해당춘오에서는 비단을 펼쳐놓은 듯한 아름다운 해당화를 볼 수 있다. 여름이면 가실정에서 금 구슬을 매달아놓은 듯한 비파를 볼 수 있고, 가을에는 출향관秫香館 담장 밖에서부터 피어오르는 꽃 향기를 맡을 수 있다. 겨울이면 송풍수각松風水閣에서 추위에 아랑곳하지 않고 꼿꼿이 서 있는 소나무·대나무를 감상할 수 있다. 견산루는 눈앞에 펼쳐진 경관으로 시각을 자극하고, 원향당은 아름다운 꽃향기로 후각을 자극하며, 청우헌聽雨軒은 나뭇잎을 때리는 빗방울로 청각을 자극한다. 이렇게 섬세하고 정교한 설계 덕분에 졸정원의 주인은 사계절 내내 아름다운 경관 속에서 동양 예술의 감성을 만끽할 수 있었다.

현재 졸정원은 정덕 연간에 조성된 원래의 졸정원에 비해 건축물이 눈에 띄게 늘었고 연못 가운데의 작은 섬도 새로 생겨났다. 비록 과거의 충만하고 자연스러우며 고요한 정취를 모두 담아내지는 못하지만 여전히 최고의 원림으로 꼽힐 만큼 아름답고 정교하다.

망사원網師園

1981년 뉴욕 메트로폴리탄 박물관에 작품 하나가 전시되었다. 바로 중국의 고대 원림 건축물인 '명헌明軒'인데, 그 원본은 망사원에 있는 '전춘이殿春簃'다. 소주 남쪽의 활가두闊家頭 골목에 있는 망사원은 졸정원의 1/6밖에 되지 않는, 총면적 4,000제곱미터의 작은 원림이다. 규율을 엄격히 따른 경관 배치 덕에 건물이 많아도 답답하지 않고 산수가 작아도 부족하다는 느낌이 들지 않아, 대형 원림을 능가하는 원림의 전형으로 꼽힌다.

망사원은 주요 건물과 부속 건물이 명확하게 구분되면서도 다양한 변화를 주었다. 원림 안에 또 다른 원림, 경관 밖에 또 다른 경관이 있는 심오한 초절정의 원림 예술인 것이다.

망사원은 남송 소흥紹興 연간에 조성한 후 주인이 몇 차례 바뀌었다. 후에 청나라 광서光緒 연간에 이르러 성이 이씨인 관료에게 귀속되었고 몇 번의 수리와 복원을 거쳐 오늘의 모습을 갖추었다.

망사원은 저택과 원림이 동서로 구분된 형태인데, 원림 안에 건축물의 숫자가 많고 집약된 것이 특징이다. 망사원 서부의 주요 경관인 연못도 400제곱미터에 불과해 좁은 환경에서 독특하고 특색 있는 원림을 조성하기까지 얼마나 어렵고 까다로웠을지 짐작할 수 있다. 원림의 동쪽은 주거 용도인 저택인데 저택은 내택과 외택으로 나뉜다. 저택의 정문으로 들어서면 중심축을 따라 문에 딸린 문청門廳, 가마처럼 생긴 교청轎廳, 대청, 누각 등이 널찍하면서도 우아하고 정갈하게 들어서 있다.

건축물들은 가산이나 회랑, 창과 담을 이용해 독립된 뜰이 있어 비좁다는 느낌이 조금도 들지 않으며 소박하고 고즈넉하다. 간송독화헌看松讀畵軒은 연못 북단에 자리 잡았는데, 가산 한 개와 노송 두 그루가 작은 뜰을 이루고 있다. 동북부에 있는 전춘이에는 북쪽에 태호석을 놓고, 매화·대나무·파초나무를 배치해 작은 절경을 만들었다. 꼿꼿이 선 푸른 대나무와 매화 그리고 가산이 직사각형 창틀을 통해 한 폭의 아름다운 산수화를 이룬다. 이런 건축물은 그 자체로 상당한 미적 가치를 지니면서도 행랑과 돌길로 연결되고 조화를 이루기에 넓지 않은 공간에서도 여유롭기까지 하다.

　연못은 망사원 서쪽 중앙에 있는데 사면의 둘레가 20미터에 지나지 않고 건축물이 주변을 둘러싸고 있다. 설계자는 연못에 근접한 건물에 상당한 노력을 기울여 공간이 넓어 보이는 효과를 냈다. 연못의 동쪽에 있는 팔각형의 월도풍래정月到風來亭은 달과 바람을 느끼는 정자라는 뜻인데, 수면 위로 돌출되어 연못의 주요 경관을 이룬다.

　원림 서쪽에 위치한 사압랑射鴨廊은 주택 지역의 담장과 이어져 있다. 저택에서 정자로 들어서는 순간 발아래의 연못과 건너편의 월도풍래정이 신선의 세계에 들어온 듯한 착각을 불러일으키는 반면, 월도풍래정에서 바라본 저택 쪽의 풍경은 속세 속의 근엄함이다. 사압랑 앞은 태호석을 쌓아 만든 가산인데, 높이는 주택 담장의 절반 정도이며 아

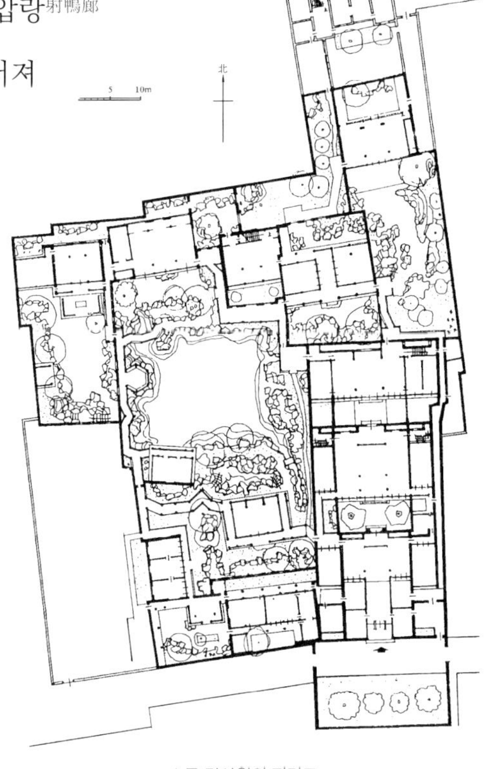

소주 망사원의 평면도

래는 연못과 맞닿아 있다. 담장의 윗부분은 가창假窓으로 운치를 더했다. 하늘을 향해 날렵하게 뻗어 올라간 처마의 정자, 기암괴석으로 만든 가산, 담장 위의 가창, 암석 사이에 있는 초목, 정자 앞의 노송은 담장을 배경으로 한 폭의 산수화를 이룬다. 담장의 단조로움과 높낮이의 부조화를 모두 날려버린 것이다.

연못의 남북 양쪽에는 소산총계헌小山叢桂軒과 간송독화헌이 있는데 크기가 꽤 크다. 건물 앞에 가산을 만들고 물이 산석을 돌아나가게 해서 건물이 가산 뒤에 은밀하게 숨은 듯하다. 연못의 서북, 동남 양쪽 부분은 물줄기가 좁아지고 작은 만을 이루며 석교가 가로지르고 있어 물의 시작과 끝을 가려준다. 이 때문에 고인물이라는 느낌이 전혀 없고 오히려 생동감이 넘친다.

연못가는 산석으로 둘러싸고 드문드문 정자가 있으며 나무와 꽃이 있기에 자연의 산수를 보는 듯하다. 이렇게 독특하고 세심한 장인의 노력으로 작은 연못과 사방을 둘러싼 건축물이 자연스럽게 분리될 수 있었던 것이다.

청나라 말기 원림의 주인은 관료나 부유한 상인들이었다. 그들은 생활 속에서 향락을 누리고자 했기 때문에 다양한 유형의 건축물을 추구했다. 뿐만 아니라 건축이 차지하는 비율도 상대적으로 커서 전통 문인 원림이 추구하던 단조로우면서도 산뜻한 분위기는 점차 사라졌다. 하지만 망사원은 건물이 많고 조밀하면서도 자연

죽외일지헌竹外一枝軒. 행랑에 붙은 낭옥廊屋으로, 북쪽 벽에는 동그란 동문이 있고 창밖으로 집허재集虛齋 앞의 대나무가 보인다.

힐수루擷秀樓. 내택의 일부분으로 내부 배치에 실용성을 강조했다.

풍경의 우아한 정취를 간직하여 동시대에 조성된 원림 가운데 매우 성공적인 작품이라 할 수 있다.

개원个園

명청 시대에 양주는 원림의 전성기를 맞아 온 성이 원림으로 넘쳤지만 전란을 몇 차례 겪으면서 완전한 모습으로 남은 원림이 그다지 많지 않다. 개원은 운 좋게 화를 면한 원림이다. 양주의 소금 상인 황응태黃應泰의 저택에 딸린 개원은 청나라 가경嘉慶 23년1818에 지었다. 황응태는 대나무가 많은 원림이라는 뜻으로 개원이라는 별칭을 붙였는데, 대나무 죽竹 자를 반으로 나누면 개个 자가 되기 때문이라고 한다.

양주 성안에 있는 개원은 황씨 저택의 뒤편에 있는데 전체 면적은 5,500제곱미터이다. 원림에는 건물이 그다지 많지 않은데 주요 건물로 칠간루방七間樓房을 꼽을 수 있다. 칠간루방은 소유주가 사교 활동을 하던 2층 건물로 전체 원림을 내려다볼 수 있다. 원림의 동남쪽에는 바람이 통하고 달빛이 스며든다는 뜻의 세 칸짜리 투풍루월청透風漏月廳이 있어 겨울이면 새하얀 설경을 감상할 수 있다.

개원의 최대 특징은 원내에 돌을 쌓아 경관을 조성했다는 것이다. 칠간루방 서쪽에는 태호석으로 만든 대형 가산이 있다. 산꼭대기는 높이가 약 6미터이고 산자락과 연못이 만난다. 산중턱에는 동

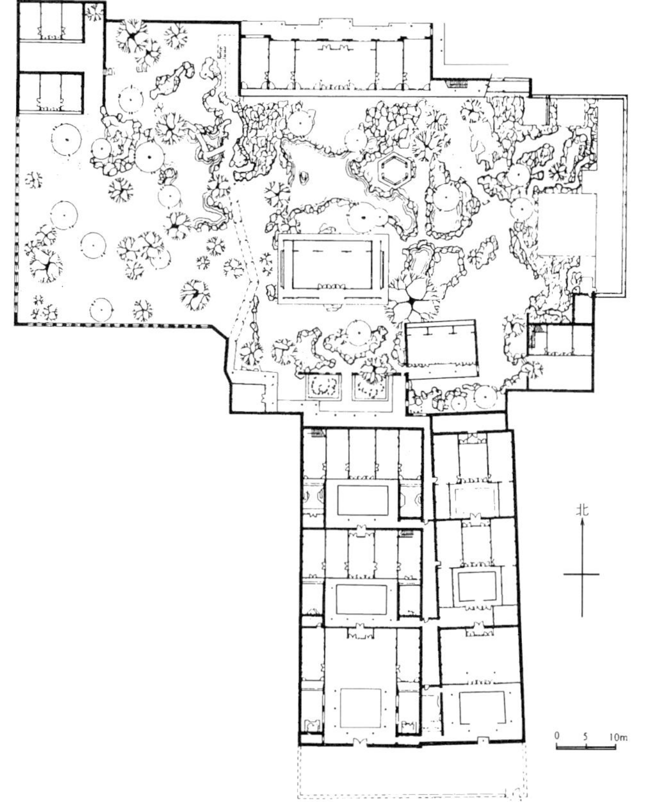

양주 개원의 평면도

굴처럼 생긴 방이 있는데 깊고 서늘한 분위기를 자아내 여름에 더위를 피하는 데 그만이다. 산 전체를 태호석으로 쌓아 만들었기 때문에 돌의 모양이 기묘하고 구멍이 뚫려 있으며 다양한 무늬를 연출한다. 전반적으로 회백색을 이루는 가산은 시원한 느낌 덕분에 '하산夏山'이라는 이름을 얻었다.

개원의 입구. 원형의 동문이며 밖에는 길고 가는 대나무를 심었다.

칠간루방의 동쪽은 황석을 쌓아 가산을 만들었는데 최고봉이 7미터에 달하며 웅장한 느낌의 봉우리·고개·구릉·골짜기 등을 잘 표현했다. 산에 오르는 길은 구불구불하며 계곡·동굴도 있다. 이 가산은 서쪽을 향하고 있는데 윤기 있고 노란빛을 띠는 석재가 햇빛을 받으면 황금색으로 빛나기에 '추산秋山'이라고 부른다.

투풍루월청은 겨울에 설경을 감상하기 위해 만든 곳이기에 앞쪽 담장 아래 그늘진 곳에 광택이 나는 하얀 산석을 놓아 눈이 녹지 않는 만년설 같은 분위기다. 이곳을 '동산冬山'이라고 부른다. 이 세 개의 가산은 원림 대문 앞의 석순石筍, 즉 '춘산'과 함께 춘하추동의 사계절을 나타내어 개원의 정수를 이룬다.

개원에는 작은 연못이 있는데 끝부분으로 갈수록 물줄기가 가늘어지다가 건물 아래 하산·추산의 동굴로 사라져 끝없이 흐르는 물처럼 느껴진다. 연못가에도 태호석으로 축대를 쌓았다. 물에 아주 가깝게 배치한 것도 있고 구릉처럼 높이 쌓아 동굴을 만든 것도 있어 연못에 생기를 더한다.

청나라 후기의 사가 원림은 관료와 상인 들이 추구하던 호화롭고 사치스러운 물질주의적 기풍에서 문인 원림의 정교하며 우아한 전통 양식으로 전환되었다. 개원도 그중 하나인데, 원림에 사계절을 성공적으로 담아내기는 했지만 장인의 흔적이 너무 뚜렷하게 남아 자연 그대로의 정취가 부족하다.

북방의 사가 원림

조성 배경

중국의 북방은 자연 · 경제 · 문화 등에서 남방과 차이가 있다. 북방은 겨울의 기온이 매우 낮기 때문에 식물의 성장에 제약이 있고 사계절 내내 푸른 나무를 보기 힘들다. 겨울철이면 소나무 · 측백나무 등 일부를 제외하고 교목 · 관상목에 앙상한 가지만 남는다. 비록 봄 · 여름이 된다 해도 품종이나 수량에서 남방의 다양함과 화려함에 크게 못 미친다.

또한 경제적으로도 농업 생산력 · 상업 · 무역 모두 남방에 비해 규모가 작아 명청 시대까지 경성의 식량과 일용품을 운하를 통해 남방으로부터 공급받아야 할 정도였다. 차이가 있다면 역대 왕조의 정치 중심지가 대부분 북방^{특히 북경은 원 · 명 · 청 왕조의 수도였다}에 집중되었기 때문에 황족과 부유한 관리가 많았다는 점이다. 이들은 정치권력은 물론 경제적인 특권도 있었기 때문에 사가 원림을 많이 조성할 수 있었다.

일부 황족, 귀족, 고위관리 들은 문화 수준이 비교적 높아서 전통적이고 문화적인 원림을 추구했지만 대부분은 여전히 호화롭고 사치스러운 분위기를 좋아했으며, 자신의 고상한 이미지를 드러내기 위한 도구로 원림을 조성했다. 건축 기술과 기풍에서도 북방과

남방은 차이가 뚜렷하다. 이 시기에 강남의 설계가들이 북방으로
많이 건너가 원림을 조성했지만 자연 환경은 물론 정치·문화적 배
경과 건축 양식의 차이로 말미암아 남방과는 다른 매우 이채로운
느낌을 준다.

관리와 부유한 상인 그리고 문인들의 원림 외에 북경에는 다른
종류의 사가 원림이 있다. 바로 왕부王府 내에 조성된 원림이다. 청

나라 때에는 분봉제^{分封制}를 철폐했기 때문에 황족이 지방을 다스리지 않고 모두 경성에 모여 살았다. 그들은 높은 관직과 후한 봉록은 받았지만 실질적인 권력은 갖지 못했다. 왕부는 이런 정치적 배경에서 황족에게 배정된 주택이다. 황족은 가족이 많고 부유했기에 보통 사합원四合院. 동서남북 사방 건물이 하나의 뜰院을 향해 함께 맞물려슴 있어 이름이 붙은 주택으로는 만족할 수 없었다. 그래서 사합원 여러 채를 하나로 묶어 주택과 원림이 어우러지는 거대한 형태의 왕부를 탄생시켰다.

북경의 사가 원림은 십찰해什刹海 연안과 서쪽 교외인 해정海淀 일대에 모여 있다. 원나라 조정은 북경의 물 부족을 해결하기 위해 서북부의 청해清海 · 옥천산玉泉山 지역의 물을 성으로 끌어들였다. 즉 서북부의 수계와 십찰해, 통혜하通惠河 운하를 연결해 도시의 물 부족을 해결하는 한편 강남의 물자를 성안으로 바로 운반할 수 있게 한 것이다. 그 결과 십찰해 일대는 북경의 상업 중심지로 부상했다.

하지만 명청 시대에 통혜하의 물이 줄면서 북쪽으로 이동하는 배들은 북경성 남쪽 교외에 있는 부두에만 정박할 수 있게 되었다. 그래서 십찰해는 번영했던 과거와 달리 수역만 남게 되었다. 이곳은 물이 맑고 투명하여 수질이 좋았기 때문에 연꽃 · 마름 등이 잘 자랐고 새와 꽃이 가득했다. 이렇게 유리한 환경 조건을 배경으로 반경 1~1.5킬로미터 안에 사가 원림이 많이 자리 잡게 됐다.

북경의 서북 교외에는 향산香山을 중심으로 하는 수안산맥壽安山

불교 명산 오대산五臺山

脈이 있고 근방에는 옥천산과 옹산瓮山이 있다. 이 일대의 큰 특징은 물이 풍부하다는 것이다. 옥천산에는 예로부터 샘이 많았고 부근의 평원에서도 땅을 90센티미터만 파면 물을 볼 수 있었다. 옹산은 과거에 호수였기 때문에 옹산박瓮山泊 혹은 서호西湖라고 일컬었다. 서북 교외는 물이 많아 '해정'이라는 이름을 얻었는데, 북경에서 중요한 쌀 생산지일 뿐 아니라 강남 수향의 특색을 지닌 풍경구로도 유명하다. 명나라 때의 관료, 귀족, 문인 들은 이곳의 자연 환경을 바탕으로 원림을 조성했는데 그 가운데 규모가 가장 크고 유명한 것으로는 청화원淸華園과 작원勺園이 있다.

청화원은 명나라 황족의 사가 원림으로 면적이 800,000제곱미터이며 이화원의 동쪽이자 원명원圓明園의 남쪽에 있다. 작원은 명나라 때의 시인 미만종米萬鍾의 사가 원림으로 만력萬曆 연간에 지어졌다. 수경 위주의 원림인 작원은 건축 양식이 단조롭고 산뜻하면서도 소박하여 전통 문인 원림의 기풍을 따랐음을 알 수 있다.

청나라 때는 명나라가 남긴 사가 원림을 조정에 귀속시킨 후 황족, 귀족, 관료 들에게 나눠주었다. 이렇게 황가 원림 주변에 위치한 사가 원림을 황족이나 귀족에게 하사하면서 서북 교외에는 거대한 원림 지구가 형성되었다.

북방 명원 감상

공왕부恭王府 화원

공왕부 화원은 췌금원萃錦園이라고도 하는데 십찰해 서쪽에 있는 류음柳蔭 거리에 있다. 북경성에 있는 수십 개의 왕부 화원 가운데 규모가 가장 크고 보존이 잘 된 원림이며, 화원의 형식으로 대중에게 공개된 유일한 왕부이기도 하다. 공왕부의 화원은 정교하고 경치가 뛰어나기로 유명한데 『홍루몽紅樓夢』에 등장하는 대관원의 모체라는 설도 있다.

공왕부는 청나라 건륭 연간에 활약했던 조정 대신 화신和珅의 저택이었는데 조정에 몰수당해 왕부로 바뀌었다. 공왕부는 건축과 화원 두 구역으로 나뉘는데 건물이 앞에, 화원이 뒤에 있다. 화원은 약 28,000제곱미터로 고건축물 31개 동을 포함하고 있다. 이곳의 주인이 된 공친왕恭親王, 청나라의 황족 혁흔奕忻이 화원을 중건하기 위해 장인 100여 명을 초빙하면서 강남 원림의 기풍과 북방 건축 양식을 융합하고 동서양의 건축 요소를 집약했다고 한다. 화원은 중로·서로·동로로 나뉘며 수려하고 지극히 정교한 멋을 자랑한다.

중앙 문을 통해 화원으로 들어가면 가장 먼저 보이는 것이 한백옥漢白玉, 한나라 때부터 장식용으로 쓴 새하얀 대리석으로 만든 서양식 아치형 석문이다. 석문의 정면에는 5미터 높이의 독락봉獨樂峯이 있는데 은은한 구름이 동글동글 모여 있는 듯한 모양이다. 독락봉 뒤편은 안선당安善堂인데 석제로 쌓은 받침대에 올려놓은 형태다. 양쪽에 회랑을 둘러 동쪽·서쪽의 건축물과 연결되기 때문에 남향의 삼합원을 형성한다.

청나라 때 북경에서는 저택에 물을 끌어들이려면 황제의 허가가 필요했다. 공왕부는 수맥을 끌어들이는 것을 허락받은 몇 안 되는 왕부이다. 화원에는 푸른 빛깔의 응회암으로 테두리를 쌓은 박쥐 모양의 연못이 있다. 이 연못은 박쥐 강이라는 뜻의 '복하蝠河'로 부르다가 '복지蝠池', 즉 박쥐 연못으로 바뀌었다. 연못 주위에는 느름나무가 있는데 느릅나무 잎이 떨어지는 계절에는 동전 모양의 느릅나무 잎이 온 연못을 뒤덮는다. 복지에 돈 모양의 나뭇잎이 가득 차는 것은 복과 재물이 넘쳐나는 모습을 형상화한 것이다.

중앙의 건물을 지나 정원으로 들어가면 적취암滴翠巖이라는 석산이 나오는데 췌금원에서 가장 손꼽힐 경관이다. 석산 앞에는 작은 연못이 있고 연못 뒤에는 비운동秘云洞이 있는데 동굴에는 건륭제의 친필 복福 자 비석이 있다. 적취암의 북쪽에는 박쥐 모양의 건물 복청蝠廳이 있다. 원림 대문, 안선당, 적취암, 복청 앞뒤로 있는 주요 건축물은 공왕부 건물군의 중심축에 있다. 이는 전형적인 원림 구도를 따른 것이다.

췌금원의 동로에는 건물군이 밀집되어 있다. 남쪽의 절반에 해당되는 곳에는 나란히 위

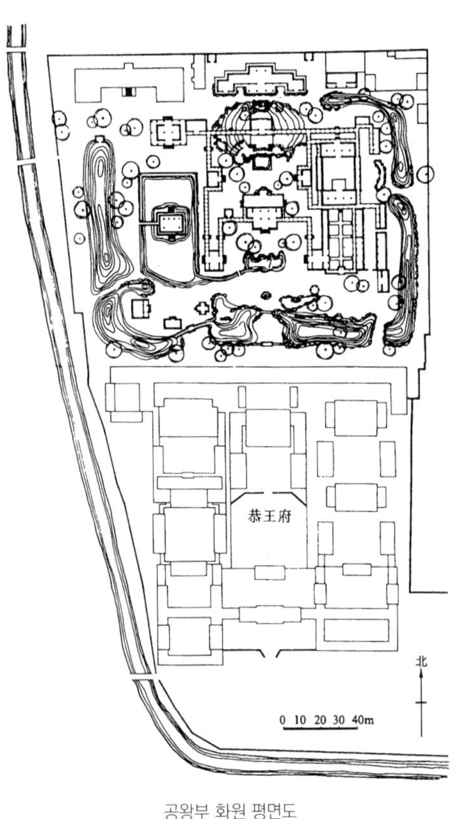

공왕부 화원 평면도

치한 직사각형의 사합원이 있고, 서쪽의 긴 뜰에는 대나무를 심었다. 동로의 북쪽에는 큰 연극 무대가 있는데 대청과 공연을 감상하는 대강당, 무대 앞, 무대 뒷부분이 모여 대규모 건물을 이룬다. 동로의 남단에는 아치형 수화문垂花門과 연결된 뜰이 있는데 그중에서도 비추정泌秋亭이 가장 아름답다. 비추정은 유배정流杯亭이라고도 하는데 정자에 폭 10센티미터의 도랑이 정亭 자의 형상으로 완만한 굴곡을 이루며 흐른다. 흐르는 물에 술잔을 띄우는 문인들의 유배流杯 놀이를 위한 것이다.

서로는 물과 산을 위주로 자연의 풍광을 모방하고 소수의 건물만을 배치했다. 호심정湖心亭 · 유운거流雲居 · 초향경樵香徑 등이 산발적으로 분포하는데 호심정 가운데에는 세 칸의 작은 누각 시화방詩畫舫이 있다. 호숫가에는 소선정小船亭이라는 정자가 있는데 맑은 물결이 일고 산과 나무의 그림자가 비치는 낭만적인 곳이다.

췌금원은 왕부의 화원이기 때문에 관료나 문인들의 사가 원림에 비해 건물의 수가 많고 규모가 크며 배치가 규격화된 것이 특징이다. 또한 문인 원림에서 보기 힘든 대청 · 대강당이 있고 관료들의 사가 원림에서 볼 수 없는 커다란 연극 무대가 있다.

췌금원은 명실상부한 왕부의 원림이었기 때문에 설계가는 주택 지구와 차별화하기 위해 다양한 방법을 동원했다.

첫째, 전체적인 환경 구성에 심혈을 기울였다. 문을 통해 원림

각종 식물이 야생의 느낌을 주는 공왕부 화원의 채소밭

공왕부 화원 동로의 문

으로 들어서면 양쪽에 푸른 응회암으로 쌓아 올린 가산이 있는데 산에는 초목을 심었고 가산 사이로 오솔길을 만들었다. 게다가 두 개의 산이 동서로 솟아 있고 봉우리끼리 연결되어 깊은 산중에 있는 듯한 착각을 불러일으킨다. 또한 동로와 서로 바깥쪽에 토산을 쌓아 외부의 소음으로부터 원림을 차단하고 비교적 폐쇄적인 형태를 이루었다.

둘째, 부분적인 자연화에 신경 썼다. 중로와 동로의 규격화된 뜰에 자연스러운 형태의 연못·산·암석을 배치하고 대나무·노송·회화나무·관목·화초를 심어 건물 배치로 인한 엄숙함을 완화했다.

셋째, 서로에 산과 물을 위주로 하는 경관을 배치해 산뜻하고도 청명한 분위기를 불어넣었다. 이 세 가지 요소로 말미암아 공왕부의 화원은 황족의 기품은 물론 산수의 아름다움을 고스란히 담아낼 수 있었다.

희춘원熙春園

희춘원은 원명원 동쪽, 청화대학교淸華大學校 안에 위치하는 원림으로 청나라 강희제 때 조성되었고, 도광제道光帝가 두 황자에게 하사해 거주하게 했다. 희춘원은 동편과 서편으로 나뉘는데 동편은 청화원淸華園, 서편은 근춘원近春園이다.

근춘원과 청화원은 평지에 조성된 원림으로 풍부한 지하수원을 원천으로 땅을 파서 인공 연못을 만들고 흙을 쌓아 토산을 만들었다. 하지만 규격이나 조경 면에서 완전히 똑같지는 않다. 근춘원에는 원형 연못이 있는데 중앙에 인공 섬을 만들어 섬에 건물을 모아놓았다. 사면에는 연못을 팔 때 생긴 흙으로 작은 토산을 만들었는데 인공 섬을 연못이 둘러싸고, 연못을 다시 가산이 둘러싼 형태이다.

연못은 원형이지만 수면이 좁은 곳도 넓은 곳도 있으며, 주변은 황석으로 꾸며 다채롭다. 또한 수역에는 연꽃을, 연못 주변에는 회화나무 · 버드나무를 심어 생기를 불어넣었다.

청화원의 내부는 건물이 앞에 있고 원림을 뒤에 배치했다. 건물은 규격화된 건물군인데 대문을 통해 안으로 들어가면 홀을 지나 뒤편의 공工 자형 대청이 이어진다. 그 뒤에는 남북으로 이어진 뜰이 앞뒤로 있고 사면은 회랑으로 연결되었다. 이 중심축의 동 · 서 양쪽에도 나란히 뜰이 두 개 있는데 그 가운데로 회랑과 원형 · 부채꼴 동문이 뚫려 있으며 소나무 · 측백나무 등의 상록수와 해당화 · 배 · 목련 등의 화목을 심었다. 중로 뒤편으로는 가산이 펼쳐져 폐쇄적인 느낌이 들지 않고 원림 특유의 정취를 나타낸다.

이 건물군 북쪽에는 커다란 연못이 있는데 둘레를 황석과 나무가 둘러싸고 있다. 연못의 동쪽에는 작은 정자가 하나 있고, 남쪽에

고요하고 우아한 청화원 내부

황석으로 장식한 근춘원의 연못

근춘원 연못가 회랑에 이어 지은 작은 정자. 잠시 쉬면서 땀을 식히는 공간이다.

는 공工 자형 월대가 물 위로 튀어나와 연못을 아주 가까이 감상할 수 있다. 희춘원은 규모가 크지 않고 사면이 독립적이면서도 산과 물이 가까워 자연에 있는 듯한 느낌을 주기에 '수목청화水木淸華'라고 불리기도 한다.

1860년, 영국·프랑스 연합군이 북경을 침략해 원명원을 불태워버렸다. 청나라 동치同治, 1861~1875 연간에 조정은 근처의 원림을 철거한 자재로 원명원을 중건하기로 했다. 희0춘원의 건축물은 이때 철거된다. 원명원의 서부에 있는 근춘원의 건물은 사라졌지만 동부 청화원의 건물은 난을 피했다. 하지만 그마저도 거주하는 사람이 없어 황폐해지고 말았다.

1909년, 청나라 조정은 미국 유학 준비를 위한 학교를 만들기로 했는데 희춘원 옛터에 청화원 건물들이 여전히 남아 있는 데다 뜰의 규모가 매우 큰 것을 발견하고 그곳에 학교를 짓기로 결정한다. 학교 이름은 청화학당이었고 청화대학교의 전신이다. 거의 100년 동안 청화원은 여러 건물을 지었지만 건물의 기본 위치와 정원·뜰의 배치는 변하지 않았고 원림의 측백나무 두 그루와 차곡차곡 쌓인 암석까지 그대로 남아 있다.

오늘날 청화대학교를 거닐면 청화원의 건축물이 대부분 청나라 양식으로 복원되어 고대 원림의 풍모를 되찾았음을 알 수 있다. 근춘원의 건물은 훼손되고 없지만 호수와 산은 여전히 남아 있다. 1927년 청회대학교에서 교편을 잡고 있던 문학가 주자청^{朱自淸}은 유명한 산문 『하당월색^{荷塘月色}』을 지었다. 한여름 밤 책을 보다가 근춘원의 호수를 거닐며 쓴 작품으로, 선인의 솜씨로 빚어낸 전통 원림의 심오한 의미는 시대를 초월한다는 의미를 담고 있다.

사가 원림의 조성 기법

남방·북방은 물론 문인, 관료, 귀족, 재벌 등 누구의 소유이든 관계 없이 사가 원림이라면 공통적인 특징이 있다. 별로 넓지 않은 공간에 산수의 정취를 집약했다는 점이다. 고대의 사가 원림을 살펴보면 세대를 초월해 원림 조성의 원칙이자 규범으로 자리 잡은 몇 가지 요소를 찾아볼 수 있다.

융통성 있고 다양한 배치 기법

고대 중국의 건축물은 외관이 단순하고 규모도 그다지 크지 않다. 대부분의 건축물을 한곳에 집약해 건설했는데 이것은 서양과는 다른 중국 고대 건축만의 특징이다. 고대 문헌 기록과 남아 있는 건축물의 실례를 살펴보면 아주 오래전부터 뜰을 포함한 형식을 취했음을 알 수 있다.

단층 건물이 뜰을 둘러싸고 주요 건축물은 중앙에, 그 양쪽으로 부속 건물이 있으며 중심축을 기준으로 대칭 구조를 이룬다. 이런 건축물 조합은 중국 전역의 주택에 광범위하게 응용되었다. 북방의 사합원, 남방의 천정원天井院이 그런 형태다. 주택 외에 한족이 건설한 불교 사찰, 각지의 관아, 황제의 능묘와 궁성 건축도 대부분이 같은 규격화된 대칭 구조를 이룬다.

청나라 시기의 그림. 『홍루몽』에 나오는〈대관원도大觀園圖〉에 근거해 당시 관료와 귀족 가정의 상황을 묘사했다.

하지만 원림은 이런 형식에 얽매이지 않았다. 제한된 범위 내에서 효과적으로 자연 환경을 만들어내기 위해 규격화된 기풍을 깨뜨리기도 했으며, 융통성 있고 다양한 배치를 택하였다.

원림 건축도 다른 건축과 마찬가지로 기능성이 요구된다. 사가 원림은 주거·독서·손님 접대·오락 활동 등 다양한 기능이 필요했기 때문에 건물의 배치나 모양에 앞서 기본 기능을 갖춰야 했다. 침실은 외진 곳에 있어야 하며, 서재는 조용해야 하고, 손님 접대는 편리해야 하며, 휴식과 오락할 때는 자연을 즐길 수 있어야 했다.

건축 내의 사물 배치는 원림의 경관과도 호응한다.

원림은 아름다워야 했다. 실제 자연의 산수와 견줄 정도의 미적인 부분도 고려 대상에 넣어야 했던 것이다.

원림의 건축 배치에는 성경成景, 경치를 이룸과 득경得景, 경치를 얻음이 필요했다. 즉 건축물의 위치나 이미지로 보아 관람할 가치가 있는 경관이 되어야 하며, 그곳에서 또 다른 경관을 감상할 수 있어야 한다는 것이다. 무석의 기창원에는 중부 동쪽의 연못가에 지어함이라는 주요 건축물이 있다. 그 자체로도 아름다운 경관을 이루지만 지어함에 들어서면 서쪽의 가산을 모두 관람할 수 있다는 점이 더 부

소흥동호紹興東湖. 건물·작은 다리와 자연 경관의 조화를 느낄 수 있다.

각된다. 원림 서북쪽 끝자락의 가수당嘉樹堂도 마찬가지다. 기수당은 원림에서 가장 높은 곳에 자리 잡은 주요 경관임과 동시에 아래로 원림의 수상 경관은 물론 더 나아가 원림 밖의 산과 불탑까지도 한눈에 볼 수 있다.

비슷한 배치는 소주의 졸정원에서도 볼 수 있다. 연못가에 있는 원향당과 인공 섬에 있는 설향운울정은 그 자체로 주요 경관으로 꼽히며 그 안에 들어가면 연못은 물론 주변 경관을 모두 감상할 수 있다. 뿐만 아니라 두 건물이 물을 사이에 두고 대칭을 이뤄 새로운 경관을 만들어낸다.

원림에 자리 잡은 건축물은 고립된 존재가 아니며 주변의 산·물·식물과 함께 하나의 경관을 이룬다. 연못의 중앙 인공 섬에 있는 졸정원의 설향운울정 역시 독립된 정자가 아니다. 사방이 꽃과 나무로 둘러싸였고 석산이 밑을 받치고 있으며 여름이면 연못을 가득 채운 연꽃까지 가세해 절경을 이룬다.

망사원의 연못 동쪽에는 수면 위로 돌출된 사압랑이 있고 남쪽으로는 가산이 있다. 사압랑 아래 석재 사이에는 사계절의 색감을 느낄 수 있는 초목을 심어 새하얀 담장을 배경으로 아름다운 그림을 만들어낸다. 이렇게 짜임새 있는 배치로 산수와 건축은 하나의 볼거리를 형성하고 각각의 볼거리가 모여 큰 경관을 이룬다.

중국의 원림은 관람·유락·거주 등이 주목적이었으며 길, 통로로 원림 안의 볼거리와 경관을 연결했다. 경관에 변화를 주려고 통로와 길은 대부분 굽이지고 좁게 만들었다. 하늘이 뻥 뚫린 좁은 돌길도 있고 비와 햇볕을 막을 회랑도 있다. 이런 회랑은 산을 따라 높이가 달라지는데 어떤 곳은 좁고 구부러졌으며, 어떤 곳은 산세에 따라 기복이 있고, 또 어떤 곳은 물가에 돌출되어 수상 회랑이나 회랑 다리를 이룬다. 원림 설계가는 구부러진 회랑이나 통로를 따라 교묘하게 다양한 형태의 볼거리를 배치한다.

정자나 누각 혹은 커다란 고목, 파초, 참대나무가 있거나 암석

곡랑은 선의 아름다움과 변화를 지닌 경관이며 크지 않은 원림의 감상에 리듬감을 준다.

가산에 만든 돌길

을 쌓거나 혹은 가산 꼭대기나 연못가, 길이 끝나는 곳에 볼거리를 배치했다. 경관의 배치가 조화롭고 적절하면 또 하나의 경관을 이룬다. 원림을 감상하는 사람은 통로를 따라 걸으면서 계속 참신하고 다양하게 변화하는 볼거리와 마주하기 때문에 지루하거나 단조롭다는 느낌을 받지 않는다.

제한된 범위 내에서 관람 효과를 극대화하기 위해서는 관람용 회랑인 유랑游廊과 담장으로 공간을 분할하고 새로운 경관을 창출해야 한다. 이렇게 만든 담장은 높지 않다. 동문과 구멍만 뚫린 공창空窓을 여러 개 만들어 담으로 막혔으면서도 완전히 폐쇄되지 않은 느낌을 준다. 공랑空廊과 아름다운 담장은 원림 내의 경관 사이를 구분하면서도 서로 연결하는 역할을 한다.

어느 정도 규모가 있는 원림인 경우 설계가는 최적의 관람 노선을 적어도 한 개 이상 설정한다. 대문에서 시작해 길을 따라 걸으면서 돌길을 지나 연못가를 감상하고, 다시 동문을 통해 산길로 접어들거나 대청으로 들어간다. 또는 정자에서 잠깐 쉰 후 다음 경관으로 걸음을 옮긴다. 이렇게 다양한 노선을 설정해 관람 시간과 공간 효율을 극대화하는 것이다.

소주의 유원은 규모가 큰 사가 원림에 속한다. 유원은 정문이 양쪽의 건물 사이에 끼어 있고 폭이 8미터에 지나지 않지만 대문에서 원림 구역까지 가는 길은 40미터나 된다. 설계가는 그 길고 좁

강남 원림에서 자주 볼 수 있는 지그재그형의 곡랑曲廊

은 공간에 곡랑으로 연결된 세 개의 공간을 배치했다.

대문으로 들어서면 작은 마당이 보이고 마당을 지나 곡랑을 거치면 꽃과 나무를 감상할 수 있는 두 번째 공간이 나온다. 다시 작은 회랑을 지나면 세 번째 공간이 나오는데 담장 아래 고목이 있고 회랑과 연결된 작은 홀의 벽에는 누창이 가지런하게 있다. 창밖에 비로소 유원의 본채가 나타난다. 이곳에서는 건물·회랑·벽이 다양한 공간을 이루고 고목과 화초 들이 절묘하게 배치되어 운치가 절정에 이른다.

자연 산수의 모방

중국 고대 초기의 원苑과 유囿는 실제 산과 물을 이용해 만든 최초의 원림이다. 자연의 산수를 모방·축소하여 원림을 조성하는 기법은 위진남북조 시대 이후에 나타났다. 송나라 휘종은 황가 원림인 간악에 오악의 웅장하고 험준한 봉우리를 표현해 인공산수 기술을 최고조로 끌어올렸다. 명청 시대에는 원림 조성의 가장 중요한 부분으로 자리 잡았다.

산부터 살펴보자. 자연의 산은 높고 낮은 봉우리가 연결되어 있고 수목이 빽빽한 숲이 있다. 원림에 있는 토산은 인공적인 부분을 없애기 위해 두 봉우리가 나란히 있거나 똑같은 높이의 산이 늘어선 것을 금기시했으며 경관의 필요에 따라 가산의 높이와 크기를 결정했다.

원림의 경관이 개방적인지, 깊고 심오한지는 산의 크기·개수·산세에 따라 달라진다. 산은 토산·석산이 있고 흙과 돌을 모두 이용하는 경우도 있다. 태호석으로 만든 산은 바람이 잘 통해 발랄한 느낌이 들며 황석으로 만든 산은 무게감이 있으면서도 웅장하다. 토산에는 꽃과 나무를 심어 우거진 숲의 아름다움을 드러내고 산 중간에 드문드문 돌을 놓아 자연의 산 같은 느낌을 준다. 석산 또한 산봉우리 사이에 흙을 쌓고 꽃과 나무를 심어 생기를 불어넣는다. 자연의 산에는 계곡·골짜기·오솔길·동굴 등이 있기 마련

이다. 때문에 원림의 가산도 그런 요소를 유입하려고 애썼다.

무석의 기창원과 양주의 개원에는 석산이 있는데 산의 규모는 크지 않지만 골짜기·계곡·동굴이 있어 진짜 산에 있는 듯한 느낌을 준다. 일부 사가 원림은 돌을 쌓아 사자·야생 동물의 모양을 본뜬 석산을 만들기도 한다. 기창원 입구에는 아홉 마리의 사자라는 뜻의 구사대九獅臺가 있는데 태호석을 이용해 뛰어오르거나 엎드린 다양한 형태의 사자 무리를 표현했다. 이는 자연의 산도 마찬가지다. 특히 농촌의 마을 주변에 '사자산', '호랑이산', '코끼리산' 등이 많은데 모양이 그 동물과 비슷하기 때문에 이런 이름이 붙었다. 하지만 억지스러운 감이 있다.

연못이 내택과 건물 밖의 풍경을 교묘하게 연결했다.

불규칙한 연못가는 그다지 크지 않은 수면에 생동감을 불어넣는다.

사자와 코끼리가 대문을 지키고 호랑이가 물 입구를 지키기를 바라는 마음이 더 클 뿐, 실제로 산이나 봉우리가 동물과 닮은 경우는 드물다. 소주 원림의 사자림獅子林은 원내에 있는 사산, 즉 사자산 때문에 붙은 이름이다. 사산은 태호석으로 축대를 쌓고 산 위에는 골짜기와 계곡을 만들었는데 그 모양이 사자가 엎드린 것과 비슷하다. 아쉬운 점은 산에 석굴·돌길이 있지만 높낮이에 변화가 없어 아무나 쉽게 그 안을 지나다닐 수 있게 되어 있다는 것이다. 멀리서 보면 사람과 짐승이 서로 뒤엉킨 것처럼 보여 매우 해학적이다.

이번엔 물을 살펴보자. 사가 원림은 산이나 계곡이 아닌 성안에 짓기에 물이 많기로 유명한 강남일지라도 원림에는 땅을 파서 물을 채운 인공 연못으로 강이나 호수를 대신한다. 구불구불 길게 흘러가는 강, 수면이 맑고 아름다운 호수와 저수지 등을 모방했기 때문에 인공 연못도 규격화된 직사각형·원형을 벗어나 굴곡을 주어 자연스러움을 추구했다. 수면이 넓으면 작은 다리를 놓아 다양한 크기로 수역을 나누고

유원 입구에 있는 다양한 무늬의 누창

수상 풍경에 변화를 주었다.

　연못의 시작과 끝 부분은 좁고 가늘어지다 건물·정자·누각의 아랫자락으로 사라져 흐르는 물처럼 보이게 했다. 연못 가운데는 연꽃을 비롯한 다양한 식물을 심어 생기를 불어넣되 가득 채우지는 않았다. 연못에 비친 건물의 그림자를 감상하기 위해서다. 연못가 역시 규격화된 모양 대신 다양한 형태를 취했다. 황석·태호석을 주변에 쌓아 높낮이에 변화를 주기도 했는데, 높은 곳에서는 연못 주변의 경치를 감상하고 낮은 곳은 물에 가까워 물놀이를 즐길 수 있다.

　자연에서는 산과 물이 조화를 이루는 경우가 대부분이다. 귀주성 동인현銅仁縣의 구룡동굴九龍洞窟은 아름다운 종유석으로 유명한데 이 경관을 흉내낸 사가 원림이 바로 양주의 개원이다. 개원의 하산은 연못가에 만들었고 산 아래쪽에 동굴이 있으며 그 깊이를 알 수 없도록 설계되었다. 또한 연못 물이 동굴로 구불구불 돌아 들어가기 때문에 시원한 하산의 정취가 한층 더 깊어진다.

　산과 물은 자연의 영혼이라고 해도 과언이 아니다. 산이 있으면 영혼이 있고 물이 있으면 생명이 있다. 산수에 대한 심도 깊은 이해가 있을 때 비로소 그것을 축약하고 아름답게 다듬을 수 있으며 원림에 자연의 정수를 담아낼 수 있다.

하늘을 향해 바짝 치켜 올라간 상해 예원豫園 권우루卷雨樓의 처마

세심한 세부 경관 처리

사가 원림은 황가 원림처럼 공간이 크지 않기 때문에 웅장한 건물이 없다. 대신 함축적이고 굽이진 공간에 여러 건물·산수·식물을 담아낸다. 때문에 관람·유락·거주의 용도에 맞게 배치에 세심한 정성을 들이고, 건물·산수·식물의 세부 처리에도 시간을 많이 투자했다.

　건축물부터 살펴보자. 사가 원림에 세운 건축물의 유형은 매우 다양하다. 접대용인 청廳·당, 독서·시화를 즐기는 누헌樓軒, 물가에 지은 사榭·방舫 그리고 정자·회랑·다리 등이 있다. 정자만 하더라도 사각형·직사각형·원형·오각형·육각형·팔각형은 물론 매화꽃형·십자형·타원형 등 다양한데 저마다 적절한 위치에 두어 그 자체가 아름다운 경관이 되기도 하고 기존 경관에 새로운 관찰점이 되기도 한다.

　양주 수서호 취대吹臺에는 사방정四方亭이 있는데, 청나라 건륭제가 강남을 순행할 때 이곳에서 낚시를 즐겼다는 기록이 있다. 정자의 사면은 흙벽이며 원형의 동문을 뚫어 문 밖으로 호수 건너편의 오정교五亭橋가 보이고, 반대편의 동문으로는 멀리 라마탑喇嘛塔이 보인다. 동문을 액자로 하여 절경의 산수화 두 폭을 양쪽 벽에 건 듯한 느낌이다.

　북방 왕부의 원림과 환관의 저택을 제외한 강남 지역 그리고 대다수 문인 원림에는 청·당·관·루 등 다양한 건물이 있지만 장식 면에서는 통일된 기준이 있다. 그것은 바로 유리 기와를 쓰지 않고, 들보에 화려한 색채를 쓰지 않으며, 문·창틀에 붉은 칠을 하지 않는 것이다. 대신 검은 기왓장과 갈색의 들보, 흰 담장과 회색의 벽돌 등 소박하고 차분한 색조를 써서 건축·산수·식물이 조화를 이루게 했다.

건물과 담장에 있는 문은 네모난 문·동그란 동문·팔각문·매화문을 비롯해 여의형如意形 또는 다양한 꽃병 모양의 문이 있다. 창문은 네모난 창문 외에 화려한 문양의 유리창, 격자무늬의 구멍을 낸 누창과 특정한 틀로 구멍만 낸 공창 등이 있다.

창살의 무늬와 공창의 종류는 소주 일대의 원림에서만도 100여 종이 넘는다. 이런 다양한 형식의 창문은 멀리서 보면 흰 종이에 그린 꽃 같고 가까이 보면 세심하게 만든 예술 작품이다. 창틀은 벽돌을 이어 붙여 만들었는데 모양을 정교하게 갈고 다듬었으며 테두리에도 다양한 변화를 주었다. 창문의 문양도 도형·동식물 등 매

좌 좁은 공간에 꽉 들어찬 경관은 일일이 살피기에 정신이 없을 정도다. 다리는 작은 공간 변화로도 큰 감상의 기쁨을 준다.
우 원림의 담에 있는 원형 동문은 자체로 하나의 경관을 이룬다.

우 다양하지만, 벽돌·진흙을 사용하였기에 윤곽이 뚜렷하고 형상이 명확한 것이 특징이다. 이렇게 강남 장인들의 예술 기법을 반영한 다양한 공예 작품은 강남 사가 원림의 정수로 꼽힌다.

망사원은 대청과 힐수루를 마주보는 담장의 대문에 장식용 문두門頭를 만들었다. 문두란 문 윗부분의 장식인데, 벽돌을 나무조각처럼 정교하게 꾸며 벽에 붙인다. 망사원의 문두 가운데 하나는 좌우 들보에 건축물을 배경으로 인물이 등장하는 연극 장면으로 장식했는데, 여러 겹의 섬세한 조각으로 인물의 표정까지도 자세하게 묘사되어 있다. 또 다른 문의 문두 양측에는 경쇠와 물고기 문양 등

'조요고상藻耀高翔'이라는 문구를 새긴 망사원의 문두

이 있다. 경쇠磬는 길할 길吉 자와 발음이 비슷하고, 물고기는 남을 여余 자와 발음이 비슷하기 때문에 '길한 기운이 넘쳐 남음이 있다'라는 뜻을 담고 있다.

강남의 목공 예술은 정교하고 세밀함으로 명성이 높지만 이 문두 두 개는 나무가 아닌 벽돌로 절정의 예술미를 드러냈기에 보는 이에게 찬사를 자아내게 한다. 회색의 벽돌 문두는 검게 칠한 두 짝

벽돌에 연극 장면을 조각한 문두

의 여닫이 문 위에 있는데 주변의 하얀 담장 때문에 사치스럽거나 세속적이지 않으며, 정교하고 섬세한 예술품처럼 보인다.

원림의 바닥에는 벽돌 · 조약돌 · 돌 조각 · 기왓장 등을 깔았다. 재료 각각의 모양 · 색채 · 질감을 이용해 이채로운 바닥을 표현하기 위해서다. 기하학적인 도형이나 식물 문양이 있고 사자 · 사슴 등 동물을 표현한 경우도 있다. 이렇게 문양이 다양한 바닥에 봄비가 내리고 나면 돌 틈새로 파릇하게 풀이 자라나 인공과 자연이 어우러진 맑고 깨끗한 생기를 느낄 수 있다.

동식물의 성장 추이와 속도는 지역마다 다르다. 강남은 식물 품종이 북방보다 많고 다양할 뿐 아니라 생장 기간도 매우 길다. 원림을 조성할 때 설계가는 기존 나무·화초 이용은 물론 새로 심을 식물도 신중하게 선택한다. 자연의 다양한 나무·화초를 관찰하고 연구하여 모양, 생장 기간, 나뭇잎과 꽃의 색깔 등을 고려해 원림의 분위기에 맞는 품종을 골라 심어야 하기 때문이다.

북방의 저택에서는 봄에 꽃을 감상하고 여름에 태양을 가려주며 가을에 열매를 맺는 배·해당·석류·대추·감·포도나무 등을 주로 심는다. 흰 해당화와 배꽃은 추운 겨울을 견딘 원림의 자연에 봄의 기운을 더한다. 석류는 개화가 더디지만 농염한 붉은 빛으로 눈을 즐겁게 하며 열매 속의 작은 알갱이들은 다산과 다복을 의미한다. 대추나무·감나무는 꽃이 아름답지는 않지만 가을에 작고 붉은 대추와 가지마다 달린 탐스러운 감으로 풍성한 느낌을 준다. 또한 건물 앞, 회랑에 포도를 심으면 여름에는 서늘한 그늘을 드리울 뿐 아니라 흑진주처럼 탐스러운 열매를 맺어 원림의 아름다움을 더욱 두드러지게 한다.

강남의 원림에 심는 식물은 종류가 훨씬 더 다양하다. "붉은 복숭아와 푸른 버들이 봄을 반기네"라는 시구처럼 강남의 원림에는

원림의 실내를 장식하는 국화

복숭아나무와 버드나무를 줄지어 심었다. 버드나무는 3월이면 녹색의 새순을 틔우는데, 멀리서 보면 푸른 아지랑이가 피어오르는 것 같다. 그 밖에도 단풍나무로 가을을 더욱 붉게 물들이고 소나무와 측백나무로 겨울을 잊고자 했다.

소나무와 측백나무는 사계절 푸를 뿐 아니라 가지가 곧아 눈이 내리면 은빛 옷으로 갈아입은 듯 고상하면서도 강한 기운을 드러낸다. 파초·참대나무는 사계절 내내 푸르기에 원림에서 가장 흔한

좌 강면江面 원림의 서재에 딸린 뜰과 소박한 멋을 살린 바닥 **우** 회색 돌 조각으로 표현한 선학도仙鶴圖. 바닥에도 우아함을 더했다.

식물이다. 고대 원림 설계가는 가산의 결함 보완에 연꽃만큼이나 맑고 고아하며 기운이 강한 맥문동麥門冬을 쓰곤 했다. 부드럽고 소박하면서도 대범한 느낌을 민족의 상징이라고 생각했기 때문이다.

이런 식물은 자연 그대로의 형태를 지녔지만 원림으로 옮기기까지 사람의 손길을 거쳐야 했다. 수간·가지·수형·잎 등은 세심한 가공을 거치는데, 원래의 형태를 유지하면서도 주변의 건물·산·돌·연못과 조화를 이루도록 다듬어 경관을 더욱 아름답게 빛낸다.

연못에 심는 식물 역시 세심하게 선별하여 결정한다. 연꽃은 아름답기는 하지만 원림에 심을 때는 일단 물 항아리에 심은 후 주

변 경관의 수요에 맞게 항아리째로 연못으로 옮긴다. 그래야 설계가가 원하는 범위 내에서 꽃을 피울 수 있기 때문이다. 수면이 넓은 연못은 연못가에서 멀리 떨어진 연못 중심에 연꽃을 심고 연못가 주변이나 연못을 가로지르는 다리 옆에는 수련睡蓮을 심는다. 수련은 꽃잎이 작고 날렵해 가까이 감상하기에 적합하기 때문이다.

원림 경관은 대부분 식물로 이루어졌다. 소주 졸정원의 동남쪽·서남쪽에는 대청에 딸린 작은 뜰이 있는데 비파나무·목련이 있어 비파원枇杷園과 옥란당玉蘭堂이라고 한다.

망사원의 연못 북쪽에는 작은 건물 앞에는 고아하고 힘 있게 솟은 노송 두 그루가 있으며 남쪽으로 그림 같은 경치가 펼쳐져 소

좌 중국 원림에 있는 태호석. 추상적인 모양의 자연산 조각품 우 양주 수서호에 있는 오정교五亭橋. 날렵하게 뻗어 올라간 처마가 아름다운 정자 5개가 웅장하고 힘찬 기개를 뽐낸다.

나무를 보고 그림을 감상한다는 뜻의 '간송독화헌看松讀畵軒'이라는 이름을 얻었다. 소주의 유원에도 고목이 한 그루 있다. 나무와 잎이 거의 다 말라 담장에 기댔는데 하얀 담장에 오랜 세월의 풍상을 겪은 나뭇가지가 엇갈려 독특하고 의연한 경관으로 재탄생되었다.

원림에는 초목을 심기도 하지만 여러 종류의 분재로 내부를 장식하기도 한다. 대청 앞 계단 아래, 정자의 주변, 연못가의 돌 위에 분재를 놓아 수수하고 우아하며 산뜻한 포인트를 주는 것이다. 원림의 대청 내부는 소박하고 점잖은 색깔의 기둥과 하얀 벽, 짙은 색의 목가구로 장식했는데 여기에 국화 분재를 놓으면 온 방안에 생기와 활력을 불어넣는다.

자연을 원림으로 옮기는 과정에서 돌을 빼놓을 수 없다. 돌은 석산을 만드는 것 외에도 건물·길·다리·연못가 등에 다양하게 사용되었다. 큰 돌 하나를 사용하기도 하고 돌을 여러 개 쌓아 조경용으로 활용하기도 했다. 사가 원림에는 돌을 이용한 경관이 많은데 건물의 앞뒤, 복도나 담장 아래에서 큰 돌 하나 또는 여러 개의 돌을 모은 석조 조경을 쉽게 볼 수 있다. 석조 조경은 주로 날렵하고 구멍이 뚫린 돌에 홈을 파거나 바람을 통하게 하는 기법을 추구했는데 태호석은 정교하고 거칠면서도 험준한 느낌을 주고, 황석은 폭이 좁으면서 곧고 소박하면서도 윤기가 있다.

석재를 활용한 조경은 자연 그대로의 돌을 옮겨놓았음에도 쌓는 기술이나 배치에 따라 석공의 손으로 다듬은 듯한 예술 작품으로 변한다. 때로는 돌 옆이나 아래에 꽃이나 나무를 배치해 조형미와 색감이 뛰어난 작품으로 재창조되기도 한다.

명청 시대에는 강남 원림, 북방 원림, 문인 원림, 황족·관리 원림을 막론하고 하나의 돌로 석조 조경을 만드는 것이 일반적이었다. 소주 유원 동쪽의 오봉선관五峯仙館 주변의 대숲 한가운데 돌 봉우리가 근엄하게 서 있어 오악의 지존을 상징한다. 유원 동북쪽에 있는 인천로석지관林泉老碩之館 북쪽 정원에는 연못이 있고 5미터 높이의 태호석이 하늘로 솟아 있다. 정교하고 아름다워 관운봉冠雲峯이라고도 하는데 타운朵雲과 수운岫雲이라는 작은 봉우리가 좌우를 보좌하여 거대한 석조 조경을 이룬다. 북경 공왕부의 췌금원 정문은 비래석飛來石과 마주하고 있다. 대문을 가리는 병풍 역할도 하고 문에 들어서자마자 가장 먼저 만나는 경관이기도 하다.

【제3장】

명청 시대의 황가 원림

1403년, 명나라는 수도를 남경南京에서 북경北京으로 옮긴다. 북경은 전 왕조인 원나라의 수도이며 대도大都라고 불렸다. 명 조정은 대도성을 증축하고 인구가 적은 성의 북부 지역을 축소했으며, 황성 앞의 성곽을 북쪽으로 옮겨 황궁 앞 공간을 넓고 광활하게 만들었다. 원 조정에서 사용하던 황궁은 전란으로 심하게 파손되어 명이 수도를 옮길 때는 기능을 발휘할 수 없었다. 이 때문에 명 조정은 황궁을 새로 지어야 했다.

그에 반해 청나라 통치자들은 산해관을 넘어 중원을 정복한 후

역대의 새 왕조와는 달리 기존 황궁을 없애지 않고 명의 자금성을 거의 있는 그대로 사용했다. 청의 선택은 매우 현명했으며 중국 역사에서도 매우 보기 드문 현상이다. 오늘날 우리가 보는 중국 고대 황가 원림은 대부분 명청 시대에 건축되었고 북경에 모여 있다.

명청 시대의 황가 원림은 그동안 축적된 사가 원림의 조성 기법과 경험을 토대로 전통은 물론 외국 원림의 정수까지 흡수했다. 일부 원림은 사가 원림의 격식을 그대로 모방하거나 사가 원림의 기초 위에 약간만 개조하여 완성하기도 했다.

황가 원림을 거닐다 보면 작은 공간도 용납하지 않고 속속들이 채워 넣은 아름다움에 숨이 막힐 정도다. 황궁의 화원과 주변의 휘황찬란한 전각이 서로 빛을 발하며 화려하고 위풍당당한 황실만의 기품을 느낄 수 있기 때문이다.

행궁이나 별궁은 자연의 산수를 그대로 끌어안거나 인공 산·연못을 배치해 제한된 공간에 산수의 평온하면서도 그윽한 정취를 표현했다. 승덕의 피서산장에 있는 외팔묘外八廟는 명청 시대 사원 원림의 종교적 특색을 그대로 간직하고 있고, 건륭제가 반했다는 서호의 풍경은 원명원으로 옮겨 곡원풍하정曲院風荷亭, 평호추월정平湖秋月亭으로 재탄생되었다.

황가 원림은 왕권의 상징이기에 규모가 거대하고 웅장한 기백을 풍긴다. 이화원 곤명호昆明湖 호숫가의 운휘옥우패루雲輝玉宇牌樓는 만수산을 바라보며, 배운문排雲門 · 배운전排雲殿 · 덕휘전德輝殿 · 불향각佛香閣 등의 건축물은 하나의 중심축 선상에 위치하여 산세를 따라 계단처럼 점점 더 높아진다. 신이 부여한 왕권을 상징하는 불향각은 41미터 높이에 있는데 황제가 천하를 내려다보며 다스리고 있음을 의미한다. 불향각은 이화원 설계의 핵심이자 상징이며 중심축의 정중앙에는 배운전이 있다. 전체 건물군은 불경에 나오는 신선이 사는 누각을 묘사해 천국의 모습을 상징적으로 표현했다. 이는 봉건통치 제도의 왕권천부설을 반영한 것이다.

황가 원림의 조성 배경

황성어원皇城御苑

명나라의 황가 원림은 황성과 황궁에 모여 있다. 새로 지은 황궁인 자금성에는 중심축 북쪽의 어화원御花園과 동북쪽 건복궁建福宮 화원이 있다. 황성에는 자금성 북부의 만수산이 있고, 서부의 토원兔園과 서원西苑, 동남쪽의 동원東苑 등이 있으며 그 가운데 서원이 가장 중요한 원림으로 손꼽힌다.

서원은 자금성 서쪽에 인접해 있는데 이 일대는 북경에서도 개발이 매우 빨랐던 지역이다. 1151년 북방의 소수 민족인 여진족이 세운 금나라가 연경에 도읍을 세우면서 중도中都라 칭했는데 서원은 중도의 서북 교외에 자리 잡고 있다. 이곳은 원래 커다란 호택지湖澤地였고 위쪽으로는 고량하高粱河와 만난다. 때문에 금의 통치자들은 이곳의 뛰어난 자연 환경을 이용해 대녕궁大寧宮을 짓고 황제의 행궁으로 삼았다.

또한 호택지를 파서 호수로 바꾸고 인공 섬과 산을 만들어 '경화도瓊華島'라고 불렀다. 경화도에는 광한전廣寒殿을 짓고 돌을 쌓아 가산을 만들었는데 그때 사용한 석재는 금이 북송을 멸망시킨 후 송의 황가 원림인 간악에서 옮겨온 것이라는 설이 있다. 실제로 가산의 모양도 간악의 수산壽山과 매우 비슷하다.

13세기 몽골족이 세운 원나라가 급성장하여 마침내 중국을 통일했다. 1272년 원나라는 금나라의 중도에 도읍을 세우기로 한다. 중도성은 전쟁으로 크게 훼손되었지만 대녕궁만은 온전히 남아 있었기에 원 왕조는 대녕궁을 중심으로 황성을 쌓고 새로운 수도인 대도를 건설한다. 원래의 호수는 개간해 태액지太液池로 거듭나 황궁의 서쪽에 자리 잡게 되었고 황궁에 물을 공급하는 대도 서북부의 금하金河 역시 황성으로 포함시켰다.

뿐만 아니라 태액지의 둘레에는 나무를 심고 개간해 '원지圓坻'와 '병산屛山'이라는 작은 섬을 두 개 더 만들었으며, 경화도는 만수산으로 개명했다. 만수산에는 광한전을 위주로 전각·당·정자·대 등 수십 채를 새로 지었다. 원지의 북쪽에는 석교를 놓아 만수산과 연결했다. 또한 동서 양쪽에도 목재로 다리를 놓아 연못의 동쪽과 서쪽으로 건너갈 수 있게 했으며 섬에는 의천전儀天殿을 지었다. 이런 세심한

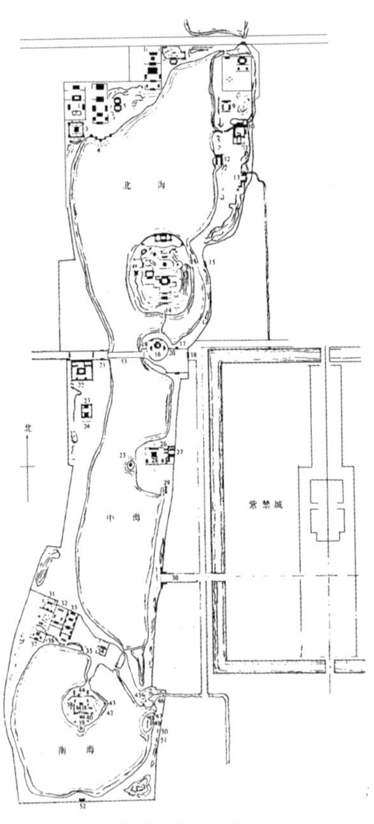

자금성과 서원 평면도

작업으로 태액지는 자연의 정취가 넘치는 황가 원림으로 거듭났다.

1422년, 명 왕조가 도읍을 북경으로 옮긴 후 통치자들은 새로운 황성에서 살게 되었다. 황성과 태액지의 위치에는 변화가 없었지만 태액지는 조금 더 넓어졌고 경화도와 태액지의 북쪽에 건물을 증축해 장인의 손길을 더했다. 원지의 동쪽 연못에는 흙을 쌓아 섬이었던 원지를 반도로 만들었으며 토성에 벽돌을 쌓아 단성團城으로 완성했다.

뿐만 아니라 태액지를 남쪽으로 더 넓게 파서 수면을 넓혀 '남해'라고 했고 단성 이북은 '북해'라고 불렀으며 남해와 북해의 중간 부분은 '중해'로 불렀다. 이로써 원래의 태액지는 북·중·남의 3해로 나뉘었고 서원은 명 왕조 황성에서 가장 중요한 황가 원림으로 거듭났다.

청 왕조는 북경을 정복하고 자금성에 들어온 후 기존 궁성과 화원을 그대로 받아들였으며 3해를 중심으로 황가 원림을 확대했다. 현재의 북해공원에 있는 백탑, 북해 북쪽에 있는 불교 건축물과 북쪽 담장 아래의 정청재靜淸齋, 북해 동쪽의 건축물과 산수 경관, 남해의 영대瀛臺, 남해 북쪽의 근정전 등은 청나라 때 개조하거나 새로 지은 것들이다.

이렇게 서원 내의 건축물은 종류도 다양해졌고 수량도 크게 늘었다. 원래의 자연 정취는 상대적으로 줄어든 반면 인문 경관을 크

북해에서 바라본 단성과 중남해

게 늘려 황가 원림의 웅장한 기백과 화려한 품격을 강화했다. 이 규모와 품격은 현재까지도 대부분 그대로 남아 있다. 중해와 남해를 통칭하는 중남해는 중국 중앙정부의 정무를 관장하는 핵심지가 되었으며 북해는 공원으로 개방되었다. 서원 중부의 큰 수면과 엄격한 건축 배치는 교묘한 조화를 이루는 걸작으로 꼽히는데, 오늘날 북경의 원림 녹화 사업의 거점이 되고 있다.

피서 행궁

1994년 하북성 승덕의 피서산장과 주변의 사원들은 독특한 기

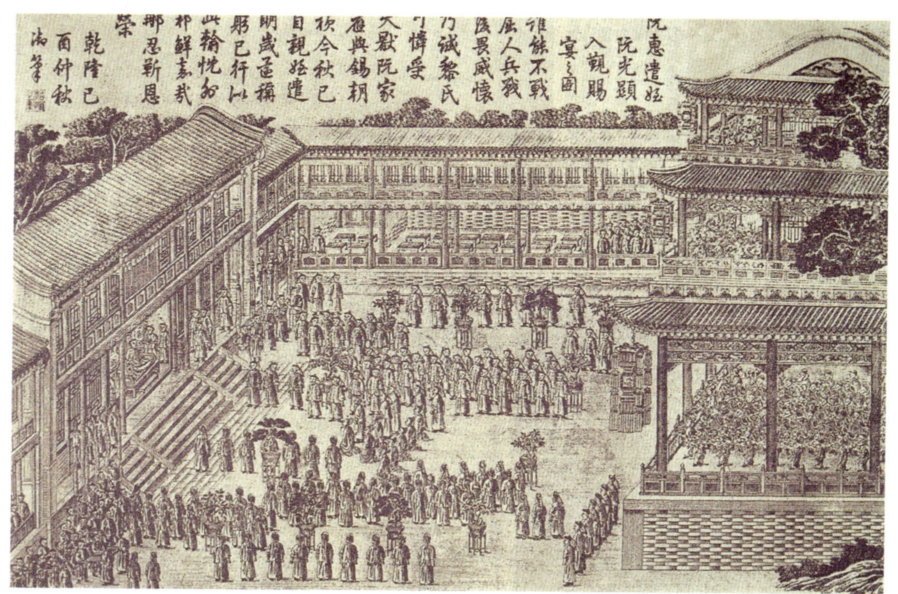

청나라 건륭 연간의 피서산장에서 연극을 감상하는 황실 가족 그림

풍으로 유네스코 세계 문화유산으로 등록되었다. 피서산장은 남북 건축 예술의 정수를 모아놓은 문화유산으로 남방 원림의 기풍과 구조, 건축 기법을 따르면서도 북방 원림의 상용 기법을 접합한 종합 조경 예술의 전형이다.

청 왕조를 건립한 만주족은 초기에는 동북 부지역에서 어업·목축업으로 삶을 꾸려가던 민족이었다. 나라를 통일하고, 국력이 증강된 후에 황실을 증축·개조하는 것으로 더는 만족할 수 없어 다른 곳으로 관심을 돌렸다.

강희 16년¹⁶⁷⁷부터 청 왕조는 정기적으로 새외 지역^{만리장성 이북}을

피서산장의 호수. 자연의 산과 물을 이용해 경관을 만들었다.

순행하고 군사를 훈련시켰다. 해마다 가을에 거행되는 이 행사는 후에 정식 제도로 자리 잡았는데, 황제가 문무백관을 거느리고 몽골족 왕공과 함께 위풍당당하게 북구北口에서 출발해 만리장성 북쪽의 사냥터로 간다. 그곳에서 사냥·무술대회 후 시상과 책봉 행사를 하는 것이다. 이 행사는 날씨가 서늘한 내몽골 객라심喀喇沁 등의 목축장에서 진행되었고 북경에서 사냥터까지 가는 길에는 행궁을 여럿 지었다.

그중 가장 큰 행궁은 승덕에 지었다. 이곳은 몽골족이 말을 놓아 기르던 곳으로 온 산의 숲이 빽빽하고 물이 풍부하며 서늘하고 인적이 드물었다. 강희제는 이곳이 피서지로 적합하다고 생각하여 산장을 짓기로 결심한다. 그리하여 청나라 초기 대형 황가 원림인 피서산장이 탄생하게 되었다.

1735년, 청나라 6대 황제인 건륭제가 등극한다. 이때는 국고가 넘쳤고 국력도 강성했다. 건륭제는 한족의 전통문화에 조예가 깊었는데 여섯 차례에 걸쳐 강남을 순행했고 현지의 명산대천과 유명한 원림에 크게 감동했다. 그래서 강희제 때 시작된 황가 원림 조성 붐을 최고조로 끌어올렸다.

건륭제는 북경 서북 교외와 승덕의 피서산장에 황가 원림을 짓는 데 에너지를 쏟아 부었다. 1751년부터 약 40년의 시간을 들여 피서산장을 확장하고 수십여 개의 경관을 완성했으며 산장 내에 여덟 개의 사원을 건설했다. 이 사원을 오늘날 외팔묘라고 부른다. 피서산장은 당시 가장 거대하고 장엄하며 기백이 넘치는 황가 원림이었다.

북경 서북 교외의 원림구

북경의 서북 교외에는 사가 원림이 매우 많았으나 명나라 말기의 전쟁 때문에 대부분 훼손되거나 사라졌다. 그 후 청나라가 대규모 원림 건설을 시작하고 향산·옥천산 등의 자연 원림구를 개조·증축한 후 명나라 황족의 사가 원림을 귀속시키면서 서북 교외는 다시금 원림 집중 지역으로 거듭났다.

향산은 서산산맥에 있는 작은 산이다. 숲이 우거지고 기후가 서늘해서 요·금·원 때부터 오래된 사찰이 있었고 제후와 황족이 자주 유람했다. 1677년 강희제가 향산사를 행궁으로 개조한 후 옹정제·건륭제 때 두 번에 걸쳐 행궁을 확장해 1747년부터는 '정의원靜宜園'이라 했다.

옥천산은 서북 교외 평원 지대의 작은 구릉인데 계곡이 많은 것으로 유명하다. 나무와 풀이 우거졌으며 금나라·원나라 때부터 유명한 사찰이 있었다. 강희제 때는 이곳에 행궁 어원인 징심원澄心園을 지었는데 후에 정명원靜明園으로 바꿔 불렀다. 건륭제 때는 부근의 하호 지역까지 정명원으로 복속시켰다.

청 왕조는 1684년부터 서북 교외에 황가 원림을 짓기 시작했다. 첫 번째 원림은 경비를 절약하기 위해 명대의 유명 원림인 청화원 터에 공사를 시작했다. 청화원의 건물은 훼손되고 없지만 나무·언덕·수석水石은 여전히 존재했기에 3년 만에 인공 산천을 보유한 서북 교외의 첫 번째 황가 원림 '창춘원暢春園'으로 탄생할 수 있었다. 창춘원은 강희제가 이곳에서 정무를 처리하면서 정치 중심지 역할을 했고 황성 밖에 건립한 첫 번째 행궁형 화원이 되었다. 강희제는 창춘원 북쪽에 있는 명대의 사가 원림을 훗날 옹정제가 되는 넷째 아들에게 하사했는데 그곳이 지금의 원명원이다.

청 왕조가 신설하거나 개조한 명대의 사가 원림 가운데 유명한 것으로는 자이원自怡園, 희춘원熙春園, 징회원澄懷園 등이 있다. 이런 중소형 원림이 행궁 역할을 하던 창춘원 부근에 있었

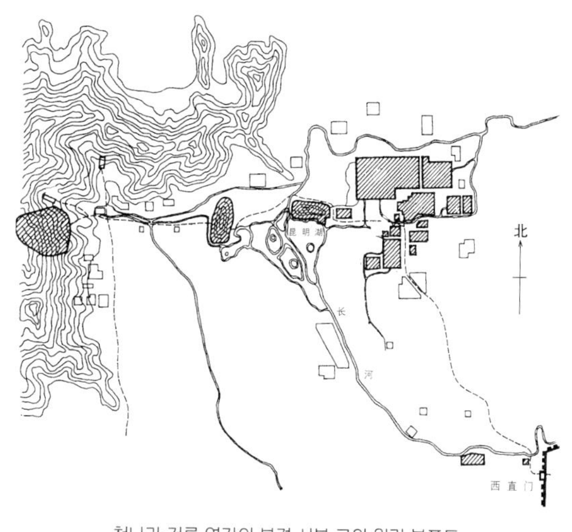

청나라 건륭 연간의 북경 서북 교외 원림 분포도

기에 창춘원은 경성 밖의 정무 중심지로 떠올랐다.

북경 서북 교외의 원명원은 옹정제의 세심한 관리와 증축·개조를 통해 건물과 면적이 크게 늘어났으며 황제가 자주 머무르면서 주요 행궁 화원으로 거듭났다. 건륭제도 등극 후 원명원을 행궁으로 삼았으며, 옹정제 때의 28개 경관을 바탕으로 원림을 확장하고 개조·증축을 가해 1744년에는 경관을 40개로 늘렸다. 1751년에는 원명원 동쪽에 장춘원長春園을, 동남쪽에 기춘원綺春園을 짓고 장춘원, 기춘원, 원명원을 연결했다. 이렇게 원명원은 원림 3개가 결합된 총 면적 3,500,000여 제곱미터인 최대 황가 원림으로 재탄생했다.

원명원이 확장된 후 건륭제는 원명원을 절정의 아름다움을 지

옥천산 정명원의 빽빽한 수목과 오래된 사당

닌 최고의 황가 원림이라고 극찬하면서 재정을 생각해 후손들에게
더는 새 원림을 조성하지 말라고 당부했다.

하지만 얼마 지나지 않아 그는 스스로 뒤엎고 청의원清漪園을 건
설한다. 청의원은 옥천산과 원명원 사이에 지었는데, 이곳은 원래
옹산瓮山과 서호西湖가 있었던 곳으로 서호는 성안으로 물을 공급하
는 저수지 역할을 하고 있었다. 건륭제가 내세운 원림 조성 목적은
황태후의 생신을 기리는 것과 서호를 확장해 더 많은 수원을 확보
하는 것이었다. 실제 이유는 따로 있는 듯하다. 원림을 사랑하고 학

자연과 하나가 된 향산 정의원

식이 깊었던 황제는 서북 교외에 향산·원명원 등의 원림을 두 곳
이나 소유하였지만 향산에는 산은 있으되 물이 부족하고 원명원은
물은 있으나 산이 없었다. 그런 현실이 안타까운 건륭제는 산과 물
이 함께 있는 원림을 갖고 싶었다.

옹산에는 산과 물이 있어 원림 조성에는 더할 나위 없이 좋았
다. 1750년 청의원은 건륭제 지휘 아래 공사를 시작하여 1764년
에 완성되었다. 이때 북경 서북 교외 지역에는 황가 원림이 5개 있
었는데 향산의 정의원, 옥천산의 정명원, 만수산의 청의원·창춘

원·원명원이 그것이며, 보통 3산 5원으로 불렸다. 5원의 주위에는 황제가 대신과 황족에게 하사한 원림과 사가 원림이 산발적으로 자리 잡고 있었다.

청의원이 조성되고 공수로가 확충되어 수량이 많아지자 옥천산에서 곤명호에 이르고 다시 장하長河를 지나 북경 서직문에 이르는 수로 관광 노선이 개발되었다. 이때부터 서북 해정 지역은 커다란 황가 원림구로 거듭났다. 이곳에 모인 황가 원림과 사가 원림은 자연의 산수를 이용하고 인공의 색채를 가미한 다양한 원림들로서 고대 원림의 전통을 따르고 있다. 그렇기에 오늘날 중국 고대 원림 예술을 이해하는 기준이자 근거 자료가 되고 있다.

명원 감상

자금성 어화원御花園

어화원은 명나라 영락 18년[1420]에 자금성 내부에 조성되었다. 자금성 내부의 궁전 건축물은 거의 동시에 완성되었고, 그 후 원림이나 일부 건물을 조금씩 개조했을 뿐 전체적인 배치와 구도에서 원래의 모습을 그대로 유지하고 있다.

어화원은 자금성을 중심축으로 최북단 원림 건물군이다. 어화원은 황궁의 대표 화원으로 중심 지역에 있기 때문에 강남의 사가 원림같이 생동감 있고 자유로운 배치를 지양하고 궁전 건축의 핵심인 대치 구도를 따랐다.

어화원의 전체 면적은 12,000제곱미터이며 건축물은 동로·남로·서로 3개의 선을 따라 반듯하게 배치되었다. 하늘에 제를 올리기 위한 도교 건축물인 흠안전欽安殿은 어화원의 정중앙에 자리 잡고 있다. 어화원의 동로에는 남에서 북으로 강설헌絳雪軒·만춘정萬春亭·부벽정浮碧亭·이조당摛藻堂 등 다양한 건물이 있다. 어경정御景亭은 가산의 꼭대기에 있어 화원 전체는 물론 궁성 내외의 경치를 감상할 수 있다. 추석이나 중양절이면 황제가 달을 감상하기 위해 이곳을 찾았다고 한다.

가산 아래에는 석굴이 있고 높은 곳까지 물을 끌어올려 돌에

어화원에서 가장 높은 곳인 어경정

새긴 용의 입으로 흘러 나오게 만들었는데 흐르는 물줄기가 장관이다. 서로에는 남에서 북으로 양성재養性齋·천추정千秋亭·징서정澄瑞亭·위육재位育齋·연휘각延輝閣 등이 늘어서 있다. 이 건물들은 동로의 강설헌·만춘정·부벽정·이조당·어경정과 대칭을 이룬다. 전체 원림의 배치가 매우 명확하게 규격화되어 있다는 뜻이다.

하지만 어화원도 원림이기에 기능 면에서는 궁성 안의 전각·침궁과는 차이가 있었다. 설계가는 전체적인 배치와 구도를 유지하는 범위 내에서 생동감 있도록 다양하게 변화를 주어 어화원이 인공미와 단조로움으로 가득 차는 것을 피했다.

설계가의 노력은 몇 가지로 요약할 수 있다.

첫째, 건물의 유형과 형태에서 풍부하고 다양한 형식을 취했다. 어화원에는 여러 층의 누각은 물론 단층의 당·헌·정자 등 여러 긴물이 있다. 흰 돌로 만든 월대에 정자를 앉혔으며 수상의 다리에 정자를 앉히기도 했다. 만춘정과 천추정은 아래층이 십十 자 모양이지만 위층은 원뿔형으로 만들어 변화를 주었다. 이렇게 황실 건축물의 호화로운 기백과 원림의 활발하고 생동감 있는 기풍을 모두 담아냈다.

둘째, 좌우 대칭의 엄격한 배치 구도에서 세밀한 변화를 통해 아름다움을 느끼게 했다. 동·서편의 담장 아래 있는 강설헌과 양성재는 좌우 대칭인데 강설헌은 단층의 서재로서 유리 장식이 아름다운 화단에 화려한 꽃·나무·분재가 있는 반면, 양성재는 2층 높이의 누각으로서 그 앞에 돌을 쌓아 만든 가산을 둘러 폐쇄적이다. 두 건물의 형태·구성 환경·경관이 조금씩 다른 것이다.

승광문承光門 양쪽의 작은 문을 통해 어화원으로 들어가면 북쪽 담장 가까이에 대칭 구도로 자리 잡은 어경정과 연휘각이 있다. 하나는 가산 위에 지은 작은 정자이며, 또 하나는 유리 기와로 지붕을 장식한 2층 누각이다. 만춘정·천추정은 모양은 같지만 정자 지붕의 양식이 다르며 화려하게 장식된 정자의 천장도 형식 면에서 차이가 있다.

셋째, 건축의 장식에 일반 궁전 건축과는 다른 다양한 주제와 이미지를 담았다. 부벽정과 징서정의 정井 자 모양 천장에는 궁전에서 일반적으로 쓰는 용봉 문양이 아닌 매화·난초·모란·작약 등 꽃무늬와 복숭아·석류 등 열매 문양을 썼는데, 다양하고 생동감 있을 뿐 아니라 길상吉祥과 장수 등의 상징적 의미도 컸다. 강설헌의 들보 역시 전통의 색채를 벗어나 대나무를 청록색으로 묘사했고, 창문에도 일률적으로 나무 원색을 사용해 소박함과 우아함을 강조했다.

원림의 정취는 어화원의 중로에서도 느낄 수 있다. 중로 중앙에는 석반을 깔고 조각돌·벽돌·기왓장을 이용해 바닥을 장식했다. 석재의 다양한 이미지·색깔·질감을 이용해 동물, 꽃, 사물,

인물을 만들고 한 폭 한 폭 연결된 긴 그림처럼 꾸며 신기함과 아름다움을 느낄 수 있다.

넷째, 가장 중요한 요소로서 식물의 배치를 이용해 원림을 조경하고 석재·분재를 이용해 생기를 더했다는 점이다. 원림에 심은 나무는 북방의 기후 조건에 맞춰 선택되었다. 길을 따라 사철 푸른 소나무·측백나무를 줄지어 심고 낙엽이 떨어지는 회화나무·느릅나무·해당을 산 중간중간 심어 황가 원림 특유의 근엄한 품격을 살렸다. 꽃은 심거나 분재를 이용했는데 봄과 여름에는 개나리·작약·모란·노란 해당화를, 가을에는 국화를 감상할 수 있었으며 연

어화원에 있는 목화석 분경盆景

못에는 수련이 피었다. 계절마다 드러나는 다양한 꽃과 선명한 색채는 어화원에 빛을 더해 화룡점정의 역할을 했다.

석조 조경은 돌을 쌓아 만든 가산을 집중적으로 배치해 건축물과 조화를 이룬 곳도 있고, 건물 한쪽 자락에 배치해 독립된 조경으로 탄생시키기도 했다. 분재 중에서 극소수만 귀한 꽃나무 분재이고 나머지는 각지에서 진상한 돌로 장식된 분재다. 분재는 조형이 다양한데 어떤 것은 매우 정교하며 아름답고 어떤 것은 웅장하고 강직한 느낌이다. 나무가 화석이 된 목화석도 있고 바닷속의 산호로 만든 분재도 있다. 회색 돌에 붉은 점무늬가 있는 분재는 사람이 두 손을 들고 하늘을 향해 절을 올리는 듯한 모습이라 '제갈량배북두원석諸葛亮拜北斗隕石, 제갈량이 북두칠성에 절하고 운석을 얻었다'이라는 이름을 얻기도 했다.

어화원은 규격화되고 대칭을 이루는 건축·도로의 기본 배치에 꽃과 나무를 조화롭게 심고 가산과 분재로 포인트를 주었다. 이로써 황실의 엄숙하고 근엄한 품격을 유지하면서도 원림 특유의 풍부한 정취도 느끼게 한 것이다.

영수궁寧壽宮 화원

영수궁 화원은 건륭제가 퇴위 후의 생활을 위해 마련한 궁전으로 자금성 동로의 영수궁에 있으며, 건륭화원이라고도 한다. 영수궁은 1771~1776년에 만든 궁전으로 앞·뒤 두 부분으로 나뉘는데, 뒷부분은 다시 중로·동로·서로의 3로로 나뉜다. 영수궁 화원은 궁 뒷부분의 서로에 자리 잡았다.

영수궁 화원의 전체 면적은 어화원의 절반으로 남북 길이는 160미터×폭은 동서 37미터다. 규모·형태는 어화원과 차이가 크고 전체적인 배치도 사뭇 다르다. 영수궁 화원의 최대 특징은 남에서부터 북으로 사각형에 가까운 5개 정원을 만들어 분산의 미학을 발휘하면서 좁다는 느낌을 제거했다는 점이다.

남쪽 끝의 연기문衍祺門을 통해 화원으로 들어가면 정면에 가산이 보이고 산속의 구불구불한 통로를 지나면 첫 번째 정원이 나온다. 첫 번째 정원의 주요 건물 고화헌古華軒은 남쪽을 향하는데 건물 앞의 자작나무, 즉 고화목 때문에 붙은 이름이다. 고화헌의 동·남·서 3면은 가산으로 둘러싸였고, 고목이 뜨거운 햇살을 가려 깊은 산속에 있는 듯한 착각을 불러일으킨다.

고화헌의 북쪽으로 난 수화문垂花門을 지나면 두 번째 정원이다. 이곳은 기본적인 사합원으로 정면에는 5칸의 수초당遂初堂이 있고 좌우로는 3칸의 곁채가 있으며 사면이 회랑으로 연결되어 있다. 또한 꽃과 나무를 심어 포인트를 줌으로써 첫 번째 정원과는 완전히 다른 조용하고 우아한 경관을 만들어냈다.

세 번째 정원으로 들어서면 경관은 또다시 달라진다. 정원에는

고화헌의 목조 천장

커다란 돌을 쌓아 만든 거대한 석가산이 있는데 산봉우리는 우뚝 솟았으며 산속의 동굴은 서로 이어졌고 봉우리 사이에 용수정聳秀亭이 있다. 세 번째 정원은 가산을 주요 경관으로 삼고 평온한 느낌 때문에 앞의 두 정원과는 다른 새로운 정취를 느낄 수 있다.

네 번째 정원의 배치도 매우 독창적이다. 정원으로 들어서면 화려하게 우뚝 솟은 부망각符望閣이 있는데 분리 창을 이용해 실내를 미궁처럼 복잡하게 만들었다. 분리 창은 다양한 나뭇조각과 도금, 옥, 경태람景泰藍, 법랑 기법의 칠보 공예 등의 예술 작품으로 장식해 정

계상정禊賞亭의 유배거流杯渠, 술잔이 흐르게 한 도랑

교하고 아름다우면서도 색다른 느낌이다. 자금성에서도 손꼽힐 만큼 아름답고 화려한 실내 장식이다.

마지막 정원은 엄숙하고 규격화된 양식으로 돌아왔다. 정원의 서쪽에 넓은 뜰 안의 죽향관竹香館은 측백나무와 긴 대나무가 둘러싸 선경에 들어선 느낌이다. 정원의 북쪽은 9칸 권근재倦勤齋로, 서쪽 4칸은 건륭제가 연극을 즐기던 곳이며 작은 무대가 있고 벽·칸막이·천장 등을 화려한 무늬로 장식했다.

영수궁 화원은 규모가 황가 원림이지만 전통의 원림 기법을 충분히 활용한 곳이다. 또 저마다 다른 형태의 정원과 대칭·비대칭의 건축을 이용해 다양한 공간을 완성했으며, 사합원과 산을 주요 경관으로 하는 정원을 만들어 폐쇄적이면서도 탁 트인 느낌을 연출했다. 청·당·루·각·헌·정자 등 건축의 형식에도 자유로움을 추구했고 실내 장식과 장식품 배치는 보편화된 유리 장식, 그림, 화려한 조각 난간 외에 자금성에서는 보기 힘든 목조 천장과 화려하고 아름다운 실내 칸막이, 대문을 가리는 역할을 하는 조벽照壁 등을 사용했다. 다양한 기법을 사용한 까닭에 작고 좁은 지역에 변화무쌍하면서도 이국적인 원림 환경을 완성했다.

원명원圓明園

훼손되기 전의 원명원은 큰 원림 안의 작은 원림으로서 절정의 아름다움을 지닌 원림이었다. 건물군을 중심으로 하는 풍경구만 해도 120여 곳이나 되었지만 중복되지 않고 저마다 다른 새로운 양식을 취했다. 프랑스 작가 빅토르 위고Victor Hugo는 "우리의 모든 교회와 보물을 다 합쳐 놓아도 이 화려하고 아름다운 건축물에는 견줄 수 없다."라고 논평했다. 영국 왕실 건축가 윌리엄 체임버스William Chambers는 "우리의 눈과 마음을 즐겁게 하는 대자연의 아름다운 물건을 모두 수집해 가장 감동적인 결과물로 완성했다."라고 평했다. 그는 켄트 공작을 위해 큐가든Kew Gardens을 조성하고 그 안에 중국식 정원과 건물을 짓기도 했다. 이렇게 원명원은 세계적으로 정원 예술 발전에 커다란 영향을 미쳤다.

원명원은 강희제가 넷째 아들에게 하사한 별장이었다. 넷째 아들은 옹정제가 되어 재위 13년 가운데 많은 시간을 원명원에서 보냈고, 원명원을 28개의 경관이 있는 행궁 화원으로 탄생시켰다. 건륭제는 원명원을 증축해 경관을 40개로 늘리고 장춘원·기춘원을 새로 지어 원명원과 3원으로 통합했다. 가경제도 3원을 부단히 확장해 서북 교외의 원림구에서 가장 큰 황가 원림으로 만들었다. 원명원의 전체 면적은 3,500,000제곱미터이며 육지 면적은 자금성 면적과 같고 수역은 이화원 면적과 같다.

다른 황가 원림과 비교했을 때 원명원은 어떤 특징이 있으며 중국 고전 원림 건축사에 어떤 영향을 주었을까?

원명원은 지세가 평평하여 산도 흐르는 강도 없다. 하지만 땅을 90센티미터만 파면 물이 나올 정도로 지하 수원이 매우 풍부하다. 이런 환경 덕분에 원명원은 평지에 지었지만 가산과 연못이 함께하는 산수 원림으로 완성될 수 있었다. 3,500,000제곱미터의 절반 가까이가 수역이며 가장 큰 수역인 복해福海는 폭 600미터, 면적 300,000제곱미터이다. 중형 수역도 폭이 200~300미터나 되고 소형 수역은 셀 수 없을 만큼 많다. 끊기지 않고 돌아 흐르는 좁은 계곡의 물은 크고 작은 수역을 연결해 하나의 수계水系를 이룬다. 수역을 파면서 생긴 진흙은 산으로 재탄생했다. 수역이 넓어질수록 산도 많아졌으며 크고 작은 산과 구릉을 모으면 전체 원림의 2/3를 차지한다. 하지만 산과 구릉은 그다지 높지 않아 수역을 주요 경관으로 하는 원림의 특성을 해치지 않는다.

기능을 기준으로 할 때 원명원의 경관은 황제의 정무를 위한 정대광명正大光明과 구주청안九州淸晏 등 궁전 건축, 조상의 제사를 모시는 안우궁安佑宮, 부처를 모시는 사위성舍衛城, 도서를 보관하는 문연각文淵閣, 물건을 사고파는 상점과 저잣거리, 오락과 휴식을 제공하는 여러 경관과 풍경구로 나눌 수 있다.

경관의 형태로는 규격화된 건물군으로 구성된 대궁문大宮門 안쪽의 궁전 지구, 함경당含經堂과 순화헌淳化軒으로 구성된 장춘원 중심구가 있고, 수상 경관을 위주로 하는 복해의 봉래요대蓬萊瑤臺와 장춘원 서부의 해악개금海岳開襟, 기춘원綺春園의 봉린주鳳麟洲와 감벽정鑒碧亭이 있으며, 산지의 소원림을 표현한 사의서옥四宜書屋, 양자강의 어촌을 표현한 자벽산방紫碧山房, 다가여운多稼如雲 등으로 나눌 수 있다.

이런 경관은 건축물이 주가 되고 산수와 식물이 보조 역할을 한다. 일부 경관은 산과 구릉·수면·흐르는 물·식물을 위주로 하고 그 안에 정자·대·루·각 등을 지어 각각의 정취를 살렸다. 복해 주변에는 방호승경方壺勝境, 접수산방接秀山房 등 20여 곳의 볼거리가 있는데 이 작은 경관이 모여 복해를 중심으로 하는 원명원 동부의 대풍경구를 이룬다. 이렇게 크고 작은 경관과 볼거리는 120여 개가 있으며, 산이나 언덕으로 분리되어 있고 원림 내의 길·수로로 다시 연결되어 있다.

원명원의 여러 경관은 강남 수향水鄕의 정취를 충분히 반영했다. 수면을 넓게 만들어 아침이면 물안개가 피어오르고 산길과 물이 돌아나가는 지역은 완만하게 설계했다. 풍경구와 경관을 분리할 때는 사가 원림처럼 낮은 담과 곡랑을 사용하지 않고 산·언덕을 사용했으며, 돌길·동문·누창보다는 구불구불한 수로와 통로로 각각의 경관을 연결했다.

원명원의 풍경구와 경관 배치에서 두드러지는 또 하나의 특징은 전국의 명승지를 모방했다는 점이다. 건륭제는 강남 순행을 여섯 번이나 했는데 그때마다 소주·양주·항주 일대의 유명한 산과 원림을 방문했다. 뿐만 아니라 화공을 대동해 마음에 드는 산천이나 명승지를 그리게 한 후 그 모습을 모방한 건물을 북경에 지었다. 원명원 안에 항주 서호를 모방한 곳만 해도 옥천관어玉泉觀魚, 곡원풍하, 삼담인월三潭印月, 남병만종南屛晚鍾, 평호추월, 류랑문앵柳浪聞鶯 등 여섯 곳이나 되고 소주의 사자림과 저잣거리, 남경의 첨원瞻園과 양주의 수서호瘦西湖 등을 모방한 곳도 있다.

주목할 것은 건륭제가 원명원에 유럽 양식의 정원 건축을 짓게 했다는 점이다. 천주교가 중국에 전파되면서 서양의 건축 예술과 원림 건설 기술도 중국으로 유입됐다. 중국의 전통과는 완전히 다른 서양의 건축과 원림 형식은 청나라 통치자들의 흥미를 자극하기에 충분했다.

건륭제는 장춘원에 유럽식 궁전 정원인 서양루西洋樓 풍경구를 건설하기로 한다. 서양루는 선교를 위해 온 프랑스·이탈리아·보헤미아계 선교사들이 설계하고 중국의 장인들이 건설했다. 이 유럽식 건축은 건륭 25년1760에 완성됐는데 해기취諧奇趣, 방외관方外觀, 해안당海晏堂, 원영관遠瀛觀 등 6개의 궁전식 건축과 만화장萬花障, 선법산線法山, 선법장線法牆 등 3개의 정원을 포함한다.

서양루 풍경구의 건물들은 당시 유럽에서 전성기를 구가하던 바로크 양식을 따른 것으로 석재로 건물을 짓고 건물 외곽을 화려한 조각으로 장식했다. 궁전 앞에는 커다란 분수가 몇 개 있었으며

전성기 때의 원명원 그림. 1744년 청나라 궁정화가 심원沈源, 당대唐岱가 그린 채색화 〈원명원 40경도〉.

위에서 내려다본 원명원 3원의 모습

원명원의 서양루 지구. 폐허로 남은 서양루의 잔해

사방에 식물을 심어 유럽식 정원의 전통 기법을 그대로 따랐다. 줄지어 선 큰 나무, 다듬어 정리된 수풀, 도형 모양의 꽃밭 등이 그것이다. 또한 중국의 문화와 정서를 생각해 서양루의 배치와 건축에 중국의 전통 기법을 반영했다. 분수탑을 중국식 불탑 모양으로 바꿨고 까마귀나 짐승의 모양으로 서양의 나체 조각을 대신했으며 서양식 석재 조각에 중국의 문양을 반영하였다.

이렇게 서양루는 원명원에서 이국적인 정취를 뿜어내는 독특한 풍경구를 이뤘다. 동서양의 건축·원림 문화를 한곳에 접합시킨 것은 역사상 처음 있는 일이다. 오랜 세월 폐쇄적인 정치를 펼쳤던 중국 봉건사회의 입장에서 대담하고 용감한 도전이자 실천이었다.

원명원의 두 번째 특징은 건축의 종류가 많고 형식이 변화무쌍하다는 점이다. 원명원은 행궁형의 대형 황가 원림이었기에 기능도 다양했다. 황제의 유람과 휴식을 위한 원림이자 정무를 처리하는 정치 중심이었으며, 조상을 숭배하는 사당이자 부처님을 모시는 사원이었고, 공부를 위한 서재이기도 했다. 원명원에는 궁전·사당·사원·주택·서고·상점·공연 무대와 오락·휴식을 즐길 정자·대·루·각과 다리·배 모양의 선오船塢·부두 등 다양한 기능의 건축물이 많았다.

이런 건축은 기능에 따라 나름대로 기풍이 달랐을 뿐 아니라 식상한 틀에서 벗어나 새로운 형식을 추구했다. 건물 바닥은 기존

원명원 구주청안九州清晏 풍경구. 황제가 손님을 접대하는 장소였으나 영국·프랑스 연합군의 포화 속에 불타 지금은 남아 있지 않다.

의 직사각형과 네모꼴에서 공工 자·중中 자·전田 자·곡曲 자 모양·부채꼴 모양 등 다양했고, 정자도 사각형·육각형·원형·십자형 외에 유수정流水亭이라는 것도 있었다. 회랑도 곧은 모양의 직랑, 지그재그로 꺾인 곡랑, 점점 높아지는 파산랑爬山廊과 높낮이가 변하는 계단식 회랑 등 매우 다양했으며, 100여 개의 다리도 평교·곡교·아치형 다리 등 무궁무진했다.

중국 고대 전통의 건축 조합은 중심축을 기준으로 좌우 대칭형이며 규격화된 사합원 구도를 따른 원내의 건물군은 이런 전통 기법을 완전히 무시하지는 않았지만 여러 부분에서 융통성 있는 방식을 택했다.

첫째, 전체적으로 중심축을 기준으로 하지만 부분적으로는 좌우 비대칭으로 건축했다. 예를 들어 회방서원匯芳書院 건물군은 가로나 세로 중심축이 있기는 하지만 중심축 좌우의 건물은 단층과 2층으로 비대칭이다. 또한 가로축의 좌우 앞쪽으로 한쪽은 2층 누각과 단층 누각, 서재와 정자로 이뤄진 건축 조합이 있는 반면 다른 한쪽에는 한 개의 정사각형 정자가 있을 뿐이다.

둘째, 대칭은 따르되 건물의 형식에 변화를 주었다. 천연도화天然圖畫 건물군의 주요 건물인 2층 대청은 한쪽에는 고대 누각이 있는 반면 다른 한쪽에는 단층 건물이 있다. 위치상으로는 대칭이지만 건축의 유형에 변화를 준 것이다.

셋째, 주요 건축물의 대문과 건물 본채는 중심축을 경계로 대칭을 이루지만 그 외의 건물은 상황에 따라 유동적으로 배치했다. 사의서옥 건물군은 대문과 2층 누각만 축을 경계로 대칭을 이룰 뿐 나머지 서재와 회랑 등은 가산과 수역의 변화에 따라 유동적으로 배치해 산만한 듯하면서도 나름대로 정취가 있다.

원내의 건축은 북방의 관방 형식을 따르고 실내는 화려한 장식과 아름다운 장식품을 놓아 황실의 위엄과 기백을 강조했다. 하지만 건물의 외관은 궁정구와 소수의 중요 전각 외에는 소박하게 장

원명원의 건축물인 대수법大水法의 잔해

식했다. 들보에도 채색을 하지 않거나 하더라도 조금만 사용하여 나무 본래의 색깔을 남겨두었다. 이렇게 원내의 120여 개 건물군이 소박한 스타일을 추구하고 자연과의 조화에 더욱 중점을 두었기에 원명원에는 강남 수향의 정취와 북방의 색채가 공존한다.

청의원清漪園

청의원은 이화원의 전신으로 옥천산의 정명원과 원명원 사이에 있다. 이 지역에는 평지에 솟은 옹산이 있어 산 앞의 물은 옹산박이라고 불렀다. 원림 건설의 최적지인 이곳은 원나라 시대부터 개발이 시작되었다.

청의원은 1750년에 조성되기 시작했는데, 옹산과 호수를 기초로 하고 항주 서호를 모체로 공사를 진행했다. 건륭제의 서호 사랑이 얼마나 지극했는지 알 수 있는 대목이다. 청의원은 기존 호수 구역을 더 파서 수역을 넓히고 흙으로 옹산을 더 높게 만들었다. 산은 물에 더 가깝고 물은 산에 둘러싸인 형국이다. 서호의 소제蘇堤, 서호에 소동파가 쌓은 제방를 모방해 서쪽 수역에 남북으로 큰 제방을 쌓고 비스듬하게 작은 제방을 몇 개 붙여 호수 구역을 세 개로 나누었다. 산의 북쪽에도 계곡을 파서 산과 호수가 연결되고 어우러지게 했다. 개조 후의 옹산은 만수산으로, 산 앞의 호수는 곤명호로 이름을 바꾸었다. 청의원의 배치는 만수산과 곤명호의 관계, 곤명호 수역의 분할·모양·제방의 형태와 위치 등이 항주의 서호와 많이 비슷하다.

원내의 경관은 만수산과 곤명호에 근접해 있다. 만수산 남쪽 자락에는 황금색 유리 기와로 지붕을 올린 배운전이 찬란하게 빛을 발하고, 당당하게 솟은 불향각은 원림 전체를 내려다보고 있다. 불향각에 오르면 곤명호의 아름답게 이는 물보라에 수려한 서쪽 제방이 어려 비취색의 댕기를 드린 것처럼 보인다. 또한 아치형의 17공교拱橋가 수면에 비치며 함허당涵虛堂, 조감당藻鑒堂, 치경각治鏡閣이 인공 섬에 당당하게 서 있다. 호반에는 유명한 배 모양의 석방石舫, 사실적으로 만든 소 동상인 진수동우鎭水銅牛, 항상 푸른 봄빛을 지닌 지춘정知春亭이 있으며 만수산 북쪽 자락에는 티베트 사원을 모방한 사대부주四大部州 건물군이 장엄하게 서 있다.

만수산 배운전. 예스러운 색깔의 실내 장식이 돋보인다.

　　호수 양쪽에는 나무가 빽빽하고 조각으로 장식한 기둥과 아름다운 건물이 나무 사이로 보일듯 말듯 하다. 산의 계곡물이 흐르는 곳에 있는 저잣거리도 이채롭다. 물은 강을 따라 동쪽으로 흐르고 호수가 끝나는 부분에 이르면 졸졸졸 흐르는 시냇물 소리가 갑자기 들리고 정교하고 우아한 해취원諧趣園에 도착한다.

　　청의원 내부는 궁정구宮庭區 · 전산전호구前山前湖區 · 후산후호구後山後湖區로 나뉘는데, 전체 면적은 2,900,000제곱미터이며 그 가운데 수역은 전체 원림의 3/4이다.

청의원, 창춘원, 원명원은 행궁형 황가 원림이다. 황제가 정무를 처리하기 위해 세운 곳이기 때문에 정문 앞에 궁정구를 배치했다. 청의원 궁정구는 원내 동북쪽 만수산의 동남쪽 아랫자락에 자리 잡았는데, 서쪽으로는 곤명호에 맞닿고 동궁문^{東宮門}을 대문으로 삼고 있다. 궁정구가 여기에 배치된 것은 원명원과 가까워 황제가 두 원림을 오가는 데 편리하기 때문이다. 또한 북으로는 만수산이 있고 서쪽으로는 곤명호에 맞닿아 산과 물을 즐길 수 있을 뿐 아니라 전조후원의 전통 격식에도 부합된다.

동궁문은 궁정구의 정면에 있는데 문 앞의 광장, 조벽, 패루^{牌樓,} ^{도로 위에 세운 화려한 대문 또는 기념문}에서도 황실 건축의 위엄을 느낄 수 있다. 동궁문으로 들어서면 궁정구의 주요 건축물인 인수전^{仁壽殿} 건물군이 나오는데 인수문^{仁壽門}·대전^{大殿}·좌우의 부속 전각으로 이루어졌다. 인수전은 황제가 조회를 열고 정무를 처리하던 곳으로 옥좌가 있으며 인수전 앞에는 기린, 구리 향로, 큰 물동이 등의 장식물이 있어 황궁 느낌이 든다. 대전 앞의 뜰에는 소나무·측백나무·해당화 등을 심었고 모란을 심은 화단이 있으며 관상용 태호석 등을 아름답게 장식하는 등 원림의 기본 원칙은 충실히 따랐다.

인수전 주변에는 의운관^{宜芸館}·옥란당^{玉瀾堂}·낙수당^{樂壽堂} 등 사합원 건축물이 있는데, 황제가 실제 기거하고 생활하던 곳으로, 황

이화원 청안방淸晏舫. 서양의 화륜선 외형을 본땄다.

궁으로 치면 침궁에 해당한다.

전산전호구前山前湖區

전산전호구는 만수산 산등성이 남쪽과 만수산 앞 호수 지역을 가리킨다. 청의원 주요 경관의 88퍼센트를 차지하는 이곳은 전산 구역과 전호 구역으로 나뉜다.

만수산은 동서 폭이 1,000미터이며 높이는 60미터인데 전산의 산세는 험하고 남쪽을 향하며 앞에는 곤명호가 있어 시야가 확 트였다. 이 때문에 원내의 주요 경관과 건축이 이곳에 모여 있다.

원내의 가장 주요한 건축은 황태후의 생일을 축하하기 위해 지은 대보은연수사大報恩延壽寺로 만수산 전산 구역의 중앙에 있다. 이 건물군은 천왕전天王殿·대웅보전大雄寶殿·다보전多寶殿·불향각佛香閣·중향계패루衆香界牌樓·지혜해전智慧海殿 등의 건물로 구성되고 호수와 맞닿은 아랫자락에서부터 산세를 타고 남북으로 일직선의 축을 이룬다.

영국·프랑스 연합군에 타버린 청의원을 복원하면서 남반부를 황제의 조회를 위한 배운전 건물군으로 개조했지만 중심축에 있던 원래의 위치는 바꾸지 않았다. 이 중심축의 동서 양쪽에는 전륜장轉輪藏과 자복루慈福樓, 보운각寶雲閣과 나한당羅漢堂으로 구성된 두 개의 건물군이 있어 제2, 제3의 중심축이 되었다. 이렇게 3개의 중심축으로 구성된 방대한 건물군은 만수산 앞 중앙에 우뚝 솟았으며 그 중 가장 높은 곳에 자리 잡은 불향각과 산등성이의 지혜해전이 주요 건물이다.

배운전과 불향각은 황색·녹색 유리 기와를 썼고 들보는 아름답게 채색했으며 기둥과 창은 붉은색을 칠해 색깔 대비가 선명하다. 패루와 지혜해는 모든 벽을 다양한 색깔의 유리 장식으로 뒤덮어 햇빛을 받으면 보석처럼 찬란하게 빛난다.

이 건물군의 동서 양측에는 10여 곳의 다양한 경관과 건축이 있다. 동쪽 산등성이의 호산湖山에서는 서쪽으로 옥천산과 서산西山

만수산의 배운전·불향각 등의 건물군

의 경관을 볼 수 있으며 경복각景福閣은 곤명호를 내려다보는 최적의 장소다. 서쪽 산허리에 있는 화중유畵中游 회랑은 자체만으로도 화려한 경관을 이룰 뿐 아니라 서면 호산의 아름다움과 누각을 감상할 수 있어 전산 구역의 주요 경관으로 꼽힌다.

동쪽 산 아래의 낙수당과 호숫가의 수목자청水木自淸과 양쪽의 새하얀 담장 그리고 호수에 비치는 그림자 등은 강남의 정취를 물씬 풍긴다. 이렇게 산발적으로 흩어진 경관은 온 산의 짙푸른 소나무·측백나무를 배경으로 보일 듯 말 듯 하여 전산을 더욱 매력적으로 돋보이게 한다.

그중에서 가장 뛰어난 경관은 만수산 아랫자락 동쪽에서 서쪽으로 이어지는 728미터의 장랑長廊이다. 이 긴 회랑의 들보는 아름답고 화려하게 장식했는데 『홍루몽』, 『서유기』, 『수호전』 등 고전소설의 장면과 동식물의 모양을 그렸다. 거의 1,000폭에 달하는 그림은 단 한 폭도 같은 그림이 없을 정도로 정성을 쏟은 작품이다.

장랑을 거닐면 저 멀리 회랑 밖으로 호수와 산의 경치가 보이고 옥천산과 서산의 자욱한 안개도 보인다. 가까이에는 용왕묘龍王廟와 물에 떠 있는 듯한 17공교가 보이는 가운데 만수산 아래 사합원의 문두 조각과 아름다운 창문, 산허리의 불향각·지혜해전까지 한눈에 들어온다.

곤명호는 동서로 1,600미터×남북으로 2,000미터인 커다란 호수로 동에서 서, 남, 북으로 길게 펼쳐진 궁정구와 만수산 두 개의 경관을 보유하고 있다.

곤명호는 1지 3산一池三山의 배치인데 3산의 핵심은 남호도南湖島다. 남호도에는 용왕묘가 있는데 광윤사廣潤祠라고도 불리며 동쪽 호숫가와 섬을 17공교가 연결한다. 17공교는 원내 최대의 석교다. 석교의 동쪽에는 방대한 규모의 팔각형 겹처마 지붕의 곽여정廓如亭이 있다. 이렇게 섬·다리·정자로 이뤄진 한 폭의 수채화는 곤명호에서 가장 주된 경관이다.

2층 누각인 함허당은 섬의 북쪽에 있는데 만수산의 불향각과 마주 보며 대칭을 이룬다. 저립각佇立閣에 올라서면 만수산이 한눈에 들어오고 서쪽으로는 멀리 서산과 옥천산의 옥봉탑玉峯塔 그림자까지도 보인다. 그 밖에 다른 두 개의 섬에는 누각과 전당이 있는데 서쪽 수역의 주요 경관으로서 주변 경관과 멀리 떨어진 산수 경관을 감상하는 최적의 장소다.

곤명호의 제방인 서제西堤는 항주의 서호에 있는 소제蘇堤를 모방한 것으로 위치와 방향이 소제와 똑같다. 제방에는 6개의 다리가 있는데 아치형 다리 1개를 제외한 나머지 다리에는 다양한 형태의 정자를 앉혔다. 마치 제방에 진주를 장식한 것처럼 보인다.

후산후호구後山後湖區

청의원을 개조할 때 만수산 앞의 호수 부분은 크게 확장한 반면 산의 뒷부분은 아랫자락에 담을 둘러치고 원림의 북쪽 경계를 만드는 데 그쳤다. 하지만 원림 설계가의 세심한 관심과 배려로 후산의 좁고 긴 지대에도 특색 있는 경관이 탄생했다.

후산후호 풍경구의 기점은 후계하後溪河이다. 만수산 북쪽의 후계하는 땅을 파서 서쪽에서 동쪽으로 흐르게 만든 강이며, 파낸 흙으로 토산을 만들어 만수산과 함께 2산 1하二山一河의 형태로 완성했다. 지형의 한계 때문에 후계하는 폭이 그다지 넓지 않다. 동서 1,000미터의 직사각형 계곡은 좁았다 넓어졌다 하는데 좁은 곳은 10여 미터, 넓은 곳은 70미터다.

또한 북쪽의 산세와 조화를 이뤄 강폭이 넓어지는 부분은 산세가 낮고 완만하며, 폭이 좁아지는 부분은 산도 험해진다. 배가 서쪽에서 동쪽으로 들어서면 두 개의 산 사이를 지나는데 산에는 초목이 우거졌고 물길을 따라 강변에 헌·사·정·대 등이 나타나며 전각·옥·누각이 산허리에서 차례로 모습을 드러냈다가 사라진다. 여기에 짙고 푸른 소나무·측백나무·붉게 타오르는 단풍은 후계하의 경관을 더욱 신비하고 화려한 세상으로 만든다.

더욱 특색 있는 것은 후계하의 중간 부분에 소주와 남경의 강변 상점을 본뜬 저잣거리가 있다는 점이다. 270미터 길이의 강변 저잣거리를 기니노라면 강 양쪽 여기저기에 늘어선 점포들이 내건 화려한 광고 천막이 보인다. 황제가 순행할 때면 황궁의 태감들이 상점 주인과 고객으로 변장해 떠들썩하고 생기 있는 분위기를 만들어 강남에 온 것과 같은 착각이 들었다고 한다.

후산의 산세는 평평하고 완만하며 전산처럼 10여 개의 건물군이 있다. 그중 가장 주요한 것은 후산의 중심인 수미영경사묘須彌靈鏡寺廟다. 이것은 행궁형 황가 원림에 지은 최대 규모의 사찰 건축인데 황제의 예불을 위한 것이기도 하고 티베트족·몽골족 등 소수

멀리서 바라본 만수산과 곤명호

민족을 융합하기 위한 목적도 있었다. 사원의 전반부는 패루·광장·대웅보전·부속 전각 등이 채우고 후반부는 티베트의 고사원 상야사桑耶寺를 본뜬 종교 건물군, 높은 대홍대大紅臺, 특색 있는 일전日殿·월전月殿과 라마탑이 있다.

수미영경 건물군의 양쪽에는 10여 개의 크고 작은 건물군이 있다. 건물군 사이로 산간 도로가 동서로 관통하는데 꼬불꼬불한 길옆으로 노송이 빽빽하다. 건물군이 길가에 접했고 일부 건축은 숲속 은밀한 곳에 숨어 있으며 오솔길과 산간 도로를 통해 연결되어 있다.

아름다운 그림을 그린 마룻대와 화려하게 조각한 들보의 장랑

전산전호구의 경관은 광활하고 개방적인 반면 후산후호구의 경관은 조용하고 우아하며 내향적이라고 할 수 있다. 불향각의 평대에 올라서면 앞에는 드넓은 호수와 끝도 없이 연결된 밭과 들이 보인다. 왼쪽으로는 나무가 우거진 원림구가 보이며 오른쪽으로는 옥천탑과 안개에 뒤덮인 서산의 풍경을 볼 수 있다. 시야가 트이고 개방적이기 때문이다. 전산에는 중앙의 배운전·불향각 건물군은 물론 양쪽의 화중유·낙수당·석가루夕佳樓 등이 산 앞이나 호숫가에 자리 잡아 경관 감상에 충분한 공간을 확보하고 있다.

하지만 후산후호구의 경관은 전혀 다르다. 후계하가 두 산의

수미영경라마묘

협곡 사이를 구불구불 돌아나가고 산길이 수풀을 관통하며 건물군이 수풀에 숨어 있다. 산·계하·건물군 등이 그윽하면서도 정겨운 아름다움을 추구하여 전산전호구의 화려한 시각적 아름다움이나 개방적인 정취와는 상당한 차이가 있다.

만수산의 동북쪽 산 아랫자락에는 작은 원림이 하나 있다. 독립적인 이 원림은 무석의 기창원을 모방해 지었다. 건륭제는 강남 순행에서 기창원의 원림 예술을 보고 감탄해 화가에게 그 자태를 그리게 했다고 한다. 그러고 나서 청의원을 건설할 때 이 조용하고

복구 후의 저잣거리

외진 곳에 혜산원惠山園을 짓게 했는데 나중에는 해취원諧趣園이라 불렸다.

해취원은 기창원과 마찬가지로 연못을 중심으로 한쪽에 석조 조경을 쌓고 다른 한쪽에는 건물을 배치한 폐쇄적인 원림이다. 원림의 중심에 있는 연못은 크기가 기창원의 연못과 별반 다르지 않을 뿐만 아니라 기창원의 지어함을 본뜬 지어교知魚橋까지 있다. 지어교는 수역을 가로지르며 작은 만을 만드는데 기창원의 연못에 있는 칠성교七星橋와 조성 기법이나 위치 선정이 매우 비슷하다. 해취원의 북쪽 연못가에는 후계하의 물을 가산 위로 끌어올린 후 낙차를 이용한 옥금협유천玉琴峽游川을 만들었다. 함원당涵遠堂은 기창원의 팔음간 같은 청각·시각적 효과를 내기 위해 뒷날 건축된 것인데 함원당 동북쪽의 가산에 만든 돌길인 심시경尋詩徑은 지금까지도 원래의 모양을 유지하고 있다.

해취원은 정자·사·회랑 등 건축 형식이 다양하고 풍부하다. 정자만 해도 사각형·원형 정자는 물론 겹처마 정자, 물 위 허공에 떠 있는 긴 정자 등이 있고, 회랑은 평지에 놓인 공랑, 담을 따라 돌아가는 수장랑隧墻廊, 꺾인 모양의 절랑折廊, 부채꼴의 호형랑弧形廊, 물 위에 있는 수랑水廊 등이 있어 북방의 궁원식 건축 방식을 사용했음을 알 수 있다. 하지만 황실 건축의 엄숙함에서 벗어나 발랄하게 표현했으며 산수와 식물이 적절한 조화를 이뤄 강남의 정취가 잘 살아 있다.

이런 건축은 대부분 회랑으로 연결되어 있어 연못을 따라 돌아가는 유람 노선을 이룬다. 회랑에 서면 좌우를 돌아볼 수 있고 정자나 난간을 따라 가다보면 기둥을 액자의 틀로 삼아 다양하고 풍부한 주변 경관을 감상할 수 있다. 4월 초봄이면 연못을 따라 심어놓은 비취색의 버드나무 새순이 수면을 간질이고, 7월 한여름이면 활짝 핀 연꽃이 연못을 뒤덮어 향과 정취에 취하고 만다.

이화원은 중국 역사상 가장 마지막에 지은 황가 원림으로 천연

의 산수와 인공의 조형미를 혼합하고 황가 원림의 웅장함과 강남 원림의 정교한 멋을 더했다. 원림의 배치와 구도, 창의성은 물론 풍부하고 다양한 경관 등 모든 요소를 가장 높은 수준으로 끌어올린 청나라 황가 원림 조성의 최고 성과라고 할 수 있다.

승덕 피서산장乘德避暑山莊

피서산장은 승덕이궁乘德離宮이라고도 하는데 원래 이름은 열하행궁熱河行宮이다. 피서산장은 승덕시의 북부에 있으며 면적은 5,640,000제곱미터이고 현존하는 최대의 황가 원림이자 유명한

만수산 남북 양쪽의 건물군

문물 풍경구다. 피서산장은 강희 42년[1703]에 짓기 시작해 건륭 55년[1790]에 완공되었다. 87년이라는 긴 세월에 걸쳐 완성된 루·대·전·각·헌·재·정자·사·묘·탑·회랑·다리가 120여 개가 있으며 강희제가 이름을 내린 유명 경관만 36곳인 명실상부한 청 왕조 최대의 행궁형 황가 원림이다.

건륭 16년[1751]에는 산장을 증축해 '건륭 36경'을 완성하고 산장 밖 무열하武烈河 동쪽에 서로 마주보는 형태로 8개의 사찰을 지어 궁전·사찰·원림을 하나로 합친 방대한 규모의 산장 건물군을 만들어냈다.

피서산장의 구도를 보면 전통 격식에 따라 궁정구가 맨 앞에 있고 원림구 두 개가 그 뒤에 있다. 후원 부분은 지형과 경관에 따라 호수구·평원구·산악구의 세 부분으로 나뉜다.

궁정구宮庭區

궁정구는 산장의 남단에 병렬로 늘어선 궁전 건물군 3개를 포함한다. 정궁은 궁정구의 본 건물군으로 9개의 정원을 포함하며, 전조前朝·후침後寢 두 부분으로 나뉜다. 중심 전각은 담박경성전澹泊敬誠殿이며 그 뒤에 사지서옥四知書屋, 연파치상煙波致爽, 운산승지雲山勝地 등이 있는데, 황제는 이곳에서 정무를 처리하고 독서를 즐겼으며 거주하기도 했다.

그중 가장 유명한 것은 연파치상으로 정궁 후침 부분의 주요 전각이자 황제의 침궁이다. 이곳은 지세가 높고 개방적이며 사면이 산봉우리로 둘러싸여 해마다 여름이 되면 3,927제곱미터에 걸친 드넓은 호수와 상쾌한 미풍을 만끽할 수 있다. 강희제는 이곳을 안개와 물보라가 상쾌하다는 뜻의 '연파치상'이라 명명했고 피서산장의 강희 36경 가운데 최고로 꼽았다.

궁정구에 있는 궁전 건물군의 수량과 규모로 볼 때 피서산장은 모든 황가 원림 중에 규모가 가장 크며 주변 환경과 조화를 잘 이룬 명품 원림이다. 이런 궁전 건축물은 방이나 건물이 많고 넓지만 높

궁정구 담박경성전

지도 크지도 않다. 또한 각 건물을 회랑으로 연결해 평면적이며 넓고 안정적인 형태다. 장식 면에서는 지붕을 유리 기와로 꾸미지 않고 회색 기와를 썼으며 들보·문·창문에도 화려한 채색을 피하고 목재 본연의 색깔을 그대로 남겼다.

가장 핵심 건물인 '담박경성전' 역시 예외가 아니다. 대전의 들보와 창문은 녹나무 원래의 색을 그대로 살렸으며, 창문에만 목각 장식을 약간 넣어 정교하고 우아하면서 소박하다. 그 밖에 정원의 배치에 신경을 많이 썼는데 뜰에는 소나무와 돌을 쌓아 만든 조경이 서로 조화를 이뤄 원림 특유의 정취를 살리고 있다. 송학재^{松鶴齋}와 동궁^{東宮}의 마지막 전각도 자연의 산석을 바탕으로 삼거나 돌을 쌓아 동산을 만든 후 건물을 앉혀 궁정구와 원림구가 자연스럽게 연결되도록 했다.

강희제·건륭제는 사냥을 자주 했는데 그때마다 수많은 문무대신을 거느리고 대규모 행차를 했다고 한다. 후대의 황제들은 여름이면 비빈을 대동하고 더위를 피해 피서산장을 찾았다. 이렇게 피서산장은 황성 밖의 정치 중심지로 거듭났다.

호수구湖水區

피서산장의 가장 뚜렷한 특징은 실제 산과 물을 기초로 원림을 지었다는 점이다. 피서산장의 동남쪽에 있는 호수구는 전체 면적이 430,000제곱미터이다. 원명원과 마찬가지로 평지에 원림을 조성했고 수상 경관을 위주로 섬 8개와 호수 8개를 만들었다. 섬과 호수는 서로 만나고 제방으로 연결되거나 다리와 회랑으로 통해 광활한 호수구를 형성한다.

전체 면적의 1/10에 불과한 호수구에는 원림 건축의 절반 이상이 집중되었는데, 건축물은 각각의 섬에 배치되어 있다. 그중 규모가 큰 것으로는 여의주^{如意洲}, 월색강성^{月色江聲}, 문원사자림^{文園獅子林} 등이 있다. 여의주는 정궁 앞에 지은 전각으로 황제가 정무를 처리하고 거주하던 곳이고, 월색강성은 황제가 독서하고 휴식하던 곳이다. 문원사자림은 산장의 동남쪽에 있는데 가산으로 둘러싸인 독립된 작은 원림으로 소주의 사자림을 본뜬 것이다.

호수구의 가장 중요한 건축 경관은 금산정金山亭과 연우루煙雨樓다. 금산정은 징호澄湖 동쪽의 작은 섬에 있는데 이곳의 지형과 건물군의 모양이 강소성 진강鎭江 금산金山의 강천사江天寺와 비슷해 금산정이라는 이름을 얻었다. 금산정은 우뚝 솟은 봉우리처럼 징호 호반에 있으며 누각에 오르면 호수구의 서북 양쪽의 평원과 산악구를 감상할 수 있다. 그 자체로 아름다운 경관을 이루면서 다른 경관도 돌아볼 수 있다.

연우루는 지형의 생김새와 경관이 절강성 가흥嘉興 남호南湖에 있는 연우루와 비슷해서 붙은 이름이다. 여의주 북쪽의 작은 섬에 자리 잡아 사면이 물과 맞닿았고 시야가 확 트였다. 섬에는 정원 형식의 건축이 있고 정원에는 노송이 있으며 호숫가에 푸른 버드나무가 늘어지고 누각과 정자의 높낮이가 짜임새 있게 배치되었다. 물에 비친 경관과 절경의 산세가 산수화처럼 아름답다. 연우루와 금산정은 호수를 끼고 서로 마주보며 동과 북에 위치해 대칭을 이룬다.

호수와 섬이 연결되고 제방과 다리가 만나는 호수구는 농후한 강남 수향의 정취가 배어 있다. 원명원·이화원의 전산전호 풍경구만큼 광활하고 탁 트이지는 않았지만 산악구·평원구가 대칭을 이

호심에 자리 잡은 정자

가까이에서 본 연우루

루어 경관이 더 한층 풍부하다. 만수산·불향각같이 황제의 위엄을 드러내는 핵심 경관은 없지만 섬·제방이 연결되었으며 연꽃이 호수를 뒤덮고 버드나무가 호숫가에 늘어진 세심하고도 친근한 경관이 주를 이룬다.

평원구平原區

산장의 평원구는 좁고 긴 평지며 호수구 북쪽에 위치하고 면적은 호수구와 같다. 평원구의 동남부는 만수원萬樹園으로 수천 그루의 나무를 심고 고라니와 사슴을 놓아 길렀다. 서반부는 시마강試馬埈인데 양탄자처럼 잔디를 두껍게 깔아 만리장성 이북의 이국적이고 광활한 들판을 연상시킨다.

평원구는 황제가 궁밖에서 활동을 하고 연회를 베풀던 곳으로 중요한 정치 공간이자 피서산장에서 가장 특색 있는 풍경구다. 1771년 건륭제는 피서산장에서 명나라 때 강제로 이주당했던 몽골 토이호특土爾扈特Torghut, 러시아 칼미키야와 중국 신장 서부에 살고 있는 종족의 뿌리의 수장을 접견하고 비문 〈토이호특전부귀순기土爾扈特全部歸順記〉와 〈토이호특부중기土爾扈特部衆記〉를 직접 썼다. 이 두 비석은 승덕시 성밖의 보타종승묘普陀宗乘廟에 남아 있다.

평원구의 동북쪽에는 영우사永佑寺가 있는데 만수원 한쪽에 홀로 있어 매우 조용하고 고즈넉하다. 절에 있는 9층 사리탑은 파란

하늘을 배경으로 선명한 등황색 탑신을 뽐낸다.

평원구의 남쪽에는 호수구를 따라 정자 네 개가 줄지어 서 있다. 서쪽부터 수류운재水流雲在, 호복간상濠濮間想, 앵전교목鶯囀喬木, 보전총월莆田叢越이다. 이 네 정자는 형식이 모두 다르고 주변 환경에 맞게 건설되었기에 일반 정자보다 약간 크고 호반에 병렬해 있다. 호수구 감상에 더할 나위없이 좋은 장소다. 이 정자들은 남북 두 풍경구의 경계에 걸쳤기에 전혀 다른 두 개의 풍경구를 자연스럽게 연결한다.

산악구山岳區

피서산장의 서북부 전체를 차지하는 산악구의 면적은 산장의 4/5다. 이곳 산세는 커다란 봉우리가 서로 연결되어 있지만 기암괴석이나 깎아지른 듯한 험난한 비탈이 없고 토질이 좋아 수목이 빽빽하다. 유람하거나 거주할 때 편리하도록 가로·세로의 산길이 있으며 20여 개의 사찰과 원림 등의 건물군이 있다.

네 개의 주요 골짜기 사이에는 산악 간선이 네 개 있는데 이 간선을 통해 다른 산이나 건물군으로 이동할 수 있다. 이 네 간선은 주변에 심어놓은 나무에 따라 각각의 특색을 자랑한다. 예를 들어 원시 소나무림에 있는 간선은 양쪽에 노송이 즐비하고 소나무 잎이 해를 가려 소나무와 구름의 협곡이라는 뜻의 '송운협松雲峽'이라고 한다.

20여 곳의 사찰과 원림 건축은 산악구 각지에 짜임새 있게 분포되었는데 그중 네 곳만이 산꼭대기에 있고 나머지는 골짜기에 있다. 지세의 변화에 따라 전각·누각·헌·회랑·정자 등 유동성 있게 건물을 배치했는데 규모도 그다지 크지 않고 외관도 수수해서 주변 환경과 자연스러운 조화를 이룬다.

네 개의 산 정상에 지어놓은 정자는 사면운산四面雲山·추봉낙조錘峯落照·남산적설南山積雪·북침쌍봉北枕雙峰이다. 사면운산은 산악구 서북 봉우리에 있으며 해발이 높아 정자에서 구름이 피어오르고 노을이 비껴가는 수백 킬로미터 밖의 경치까지 감상할 수 있다. 추봉락조는 산악구 서남쪽 정상에 있다. 석양이 질 때 추봉낙조에 올라서면 붉은 비단으로 수를 놓은 듯한 하늘을 볼 수 있으며 동남쪽의 황금빛 경추봉磬錘峯은 그림을 오려놓은 듯한 절경이다.

남산적설과 북침쌍봉은 호수구와 평원구의 북쪽에 있으며 원림 내에서 북쪽을 향하는 주요 대칭 경관이다. 겨울에 눈이 내릴 때 남산적설 정자에서 호수구를 바라보면 눈꽃으로 뒤덮인 은빛 누

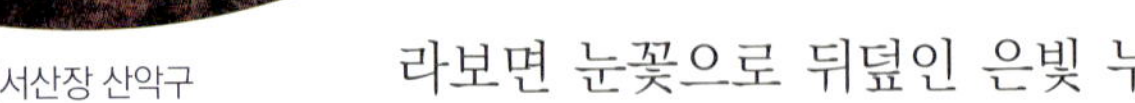

피서산장 산악구

각과 정자가 유리처럼 꽁꽁 얼어붙은 호수에 비쳐 선경을 보는 듯하다.

피서산장은 사계절을 동시에 담고 있다. 이곳에는 뜰과 건물군으로 이뤄진 궁정구가 있고, 강남 수향의 정취가 물씬 풍기는 호수구가 있으며, 만리장성 밖 이국의 정취를 자랑하는 평원구와 웅장하고 준엄한 기백의 북방 산악구가 각각의 매력과 더불어 절정의 조화를 이룬다. 이렇게 남북의 정취를 집약한 환경은 피서산장만의 독특한 매력이다.

피서산장의 원림구는 산장 본채 외에도 사면의 서로 다른 환경을 포함하고 있는데 그중에서도 외팔묘가 가장 유명하다.

외팔묘 外八廟

외팔묘는 피서산장 동부와 북부 구릉 지대에 있는 사원으로 실제로는 12개의 사찰이 있었다. 하지만 조정에서 파견하고 이번원理藩院, 청대에 몽골·티베트 등의 번원 일을 관장하던 관서에서 녹봉을 대는 라마승이 그중 8개 사찰에 거주했기 때문에 통틀어 외팔묘라고 불렀다. 외팔묘는 티베트 불교 사원으로, 67년에 걸쳐 건설한 건륭 성세의 산물이다. 건축은 정교하고 심오하며 기풍이 다양해 한족·몽골족·티베트족의 문화를 융합한 전형적인 예술 작품으로 꼽힌다.

이곳에서는 티베트 포탈라궁의 이국적인 정취는 물론 시가체의 타쉬룬포 사원의 기개, 산서성 오대산 수상사殊像寺의 풍모, 신강 위그루 자치구 이리伊犁 지방 고르자묘固爾扎廟의 자태를 느낄 수 있으며 세계 최대의 목조 불상인 천수천안관음보살千手千眼觀音菩薩도 볼 수 있다.

피서산장의 건축은 장엄하고 경건한 황실 궁전·오락과 휴식을 위한 정자·헌·사·각 등에 푸른 벽돌과 회색 기와를 써서 소박하고 자연스러운 품격을 드러냈다. 하지만 주변에 건설한 외팔묘는 화려한 색채의 유리 기와를 쓰고 심지어 금으로 도금한 지붕을 얹어 멀리서 보면 아름답고 화려한 보석이 휘황찬란하게 빛나는 것 같다.

피서산장에서 바라본 보타종승묘

이것은 소박하고 우아한 피서산장과는 또 다른 대비를 이룬다.

청나라 조정은 이곳에 사원을 건설해 몽골·티베트 등 소수 민족의 신앙인 티베트 불교에 대한 존중을 나타냈고 이를 통해 소수 민족과 중앙 정부와의 관계를 돈독히 다져 정변을 미연에 막고자 했다. 즉 정치적 목적이 종교적 의미를 초월한 것이다. 때문에 승덕의 피서산장과 주변 사원을 다민족으로 구성된 봉건제국의 축소판이라고도 한다.

· **열하일기**熱河日記
조선 정조 4년1780에 연암 박지원燕巖 朴趾源이 삼종형三從兄, 팔촌형 박명원이 청나라 고종 건륭제의 칠순 잔치 진하사로 북경에 가게 되자 자제군관의 자격으로 수행하면서 곳곳에서 보고 들은 것을 남긴 기록이다.
조선 사신단은 열하熱河, 현재의 승덕承德에서 1780년 음력 8월 9일부터 8월 14일까지 6일 동안 머무는데, 이에 대한 박지원의 기록이 『열하일기』 제6권 「태학유관록太學留館錄」에 담겨 있다. 특히 피서산장에 관한 기록은 제26권 「피서록避暑錄」에 잘 나타난다. 연암의 행적은 한양을 출발해 압록강을 거쳐 박천, 의주, 풍성, 요양, 거류하, 북진, 산해관, 옥전, 연경 그리고 목적지인 열하까지 장장 4개월간의 빡빡한 일정이었다.

황가 원림과 사가 원림 비교

황가 원림과 사가 원림은 중국 고대 원림 예술의 큰 축으로 공통점도 많은 반면 각각 다양한 특색을 지닌다.

황가 원림과 사가 원림은 인공으로 만든 산수 환경이다. 일반적으로는 오락·휴식 등을 담당했지만 소유주의 생활 방식에 따라 원림에 대한 요구 사항이 달라지면서 기능 면에서도 원림마다 차이가 있다.

사가 원림은 주택에 딸린 형태이기에 원림에 거주·접대·독서·오락 등의 기능을 포함해야 했다. 그에 반해 황가 원림은 이런 기본적인 기능 외에 선조를 위한 제사·예불 등의 기능을 담당하

색깔 있는 돌로 장식한 길

는 사찰도 포함하며, 행궁형 원림은 조정의 정무를 담당하는 궁전이 추가되었다. 그 밖에 같은 오락의 목적일지라도 황가 원림은 커다란 연극 무대, 저잣거리, 불꽃놀이를 관람할 정자, 개간이 가능한 전답, 누에를 키우는 뽕나무밭 등 사가 원림에는 없는 요소가 추가적으로 들어 있다.

원림의 배치·구도·경관 연출 기법에서 사가 원림과 황가 원림 모두 모방과 상징을 추구했고 제한된 범위 내에 자연 산수를 담았다. 하지만 원림의 크기에 차이가 있고 서로 추구하는 바가 다르기 때문에 경관의 배치·효과는 차이가 매우 컸다.

사가 원림은 수만 제곱미터부터 수천 제곱미터에 불과한 곳까지 다양하다. 때문에 작은 공간일지라도 넓은 느낌을 주는 기법을 많이 활용했고 길을 구불구불하게 만들었으며 주요 경관을 은밀한 곳에 배치했다. 또한 가산·공랑·작은 담을 활용해 공간 분할에 다양한 변화를 주었다. 큰 경관은 헌 1채와 정자 1채, 작은 경관은 돌 한 개·대나무 하나로 이루어져 작은 사물에서도 큰 정취를 느끼게 했다.

황가 원림은 상황이 다르다. 황궁의 어화원을 제외하고도 면적이 수십만 제곱미터가 넘는 원림이 많기 때문이다. 서원은 1,100,000제곱미터, 청의원은 2,900,000제곱미터, 원명원은 3,500,000제곱미터, 피서산장은 5,640,000제곱미터이고 이렇게

북해 정심재靜心齋의 계곡을 가로지르는 작고 정교한 구름다리

무석 기창원의 정교하고 소박한 정자

넓은 터에 아름다운 자연 환경을 만들려면 자금·물자가 많이 필요했다. 실제 자연의 산과 물을 이용한 원림도 있고 큰 호수를 파 토산을 쌓고 제방을 만들어 다양하고 특색 있는 대규모 풍경구를 만든 원림도 있었다. 사가 원림의 자연스럽고 소박한 정취와 달리 개방적이고 웅장한 분위기를 추구해 황가 원림의 엄숙한 기풍과 도량을 과시했다.

위에서 소개한 황가 원림은 공통점이 있다. 수많은 경관이 강남의 명승지나 유명한 사가 원림을 모방했다는 점이다. 황실 건축을 위해 최고의 기술·인력을 초빙했을 테니 너무나 당연한 일인지도 모른다. 명나라 영락제는 자금성을 짓기 위해 장인 100,000명을 불러모았고, 그중에는 남방 출신의 기술자가 대거 포함되었다. 청나라 조정은 자금성에 입조판처立造辦處를 설립해 황궁의 실내 장식, 가구와 황실용품 제작을 담당하게 했는데 그중에는 뛰어난 기술로 유명한 장인들이 많았다.

원림 역시 그랬다. 강희제는 북경 서북 교외에 청나라 역사상 최초의 황가 원림인 창춘원을 지었는데, 강남 산수화의 일인자 섭조葉洮가 설계에 참여했으며 석조 예술의 달인 장연張然은 가산 건설을 주관했다. 이런 명인들의 노력 덕에 강남 일대의 건축과 원림 예술이 북경에 전해졌고 북방의 예술과 융합되었다.

하지만 강남 원림을 그대로 재현하는 것 또한 보통 장인이라면

드넓게 펼쳐진 이화원 17공교의 장관

남상南翔 고의원古猗園의 오로청금五老聽琴. 다섯 개의 돌 작품을 노인 다섯 명에 비유했다.
돌로 된 딕자는 금琴을 언주하는 금대

결코 할 수 없다. 원림 소유주나 기존 설계가의 의도와 추구하는 바를 파악할 줄 알아야 하기 때문이다. 이 점에서 원림 예술을 매우 사랑했던 강희제·건륭제의 역할이 매우 컸다. 특히 건륭제는 원명원, 피서산장 증축·확장 공사를 직접 주관했기 때문에 항주·소주의 명승지와 명원의 경관을 성공적으로 모방할 수 있었고, 무석의 기창원을 모방한 해취원도 탄생할 수 있었다.

이렇듯 황가 원림은 전국 각지의 뛰어난 예술적 정수는 물론 최고의 장인들까지 불러모았기에 작품의 완성도와 더불어 기술적·예술적 면에서도 최고로 군림하게 되었다.

【제4장】

원림 조성 명인과 원림 이론

중국의 원림은 진한 시대에 건설되기 시작했고, 위진남북조 시대를 기점으로 당나라 때 크게 발전했으며, 송나라 때 성숙기를 거쳐 명청 시대에 최고조였다.

중국 원림의 긴 역사에서 무수한 명인과 장인 들은 피나는 노력으로 절정의 아름다움을 지닌 산수 원림을 만들어냈다. 장남원張南垣은 그중에서도 독보적인 인물이다. 장남원은 장연張漣이라고도 하는데 명나라 만력 15년1587에 강소성 화정華亭에서 태어났다. 그는 어려서부터 그림에 뛰어난 소질을 보였다고 하니 그 재능을 바탕으로 원림에 산수화의 정취를 담아낼 수 있었던 것 같다. 흔한 돌

6세기에 그린 〈유춘도游春圖〉. 중국 초기 산수화 작품으로 자연의 심오한 정취를 담았다.

하나 나무 하나도 그의 섬세한 손길을 거치면 뛰어난 예술 작품으로 탈바꿈했다. 그는 특히 돌을 쌓아 경관을 만드는 데 능했는데, 큰 산의 외관을 기계적으로 모방한 것이 아니라 자연 산수의 빼어난 자태를 본받으려고 했다. 그래서 좁은 공간에 골짜기·동굴·봉우리를 모두 갖춘 완벽한 가산을 창조했다.

가업을 이어받은 그의 아들 장연張然은 강희제의 초빙으로 북경으로 가서 서원의 옥천산·창춘원 가산 건설에 참여했다. 장씨 일가는 가산 건설을 위주로 한 예술 기법을 계승시켜 북방의 첩산疊山 대가 '산자장山子張' 일가를 이루었다.

문인들이 원림 건설에 참여하면서 외재적 아름다움에 문학적

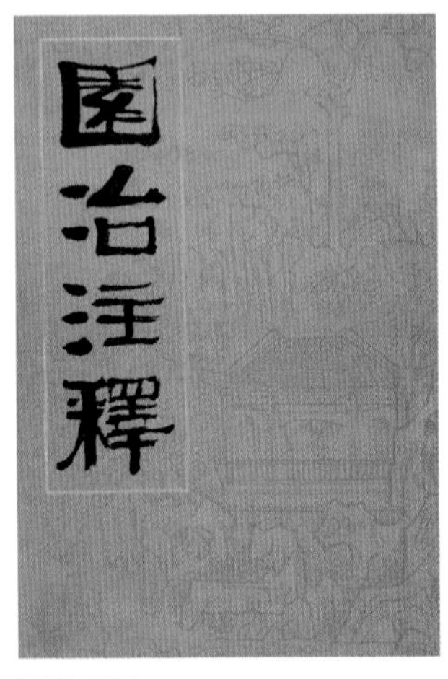

『원야』 표지

함축미가 더욱 풍부해졌다. 또한 원림 예술을 상세하게 서술하고 종합해 원림 건설 이론이 탄생했다. 이렇게 탄생한 역작 가운데 이어李漁의 『일가언一家言』, 문진형文震亨의 『장물지長物志』, 계성計成의 『원야園冶』가 대표적이다. 이어는 만력 39년[1611]에 절강성 전당錢塘에서 태어났다. 그는 각지의 유명 원림을 유람했고 원림 건설에 여러 차례 참여해 배치와 설계를 맡았는데, 『일가언』 중 한 권에 건축과 원림 건설 이론을 종합했다. 문진형은 만력 13년[1585] 강소성 장주長州 출신으로 유명 화가 문정명文徵明의 후손이다. 그는 『장물지』 제4권에 원림 건설과 관련된 내용을 기록했다.

계성은 만력 10년[1582]에 강소성 오강吳江에서 태어났다. 어려서부터 예술을 좋아하고 서화에 능해 원림 예술에 깊은 조예가 있었다. 그는 명산대천을 두루 유람한 원림 건설 명인이었으며 숭정 7년[1634], 52세에 『원야』라는 원림 건설의 역작을 편찬했다. 이 책은 중국 원림의 계획, 설계, 건물, 창문, 담장과 지면의 모양, 석재의 선택, 토산 등 여러 분야에 관한 이론과 실제 경험을 담은 명실상부한 걸작으로서 중국 최고의 원림 이론서다.

청나라 때 그린 〈남경 첨원도瞻園圖〉

『원야』는 세 권으로 이뤄졌는데 내용도 세 분야로 나뉜다. 원림 기술·원림 지식에 관한 내용은 가장 큰 비중을 차지한다. 예를 들어 '장절裝折' 부분에서는 그림을 이용해 62개의 목제 칸막이 표본을 기록했으며, '난간欄杆' 부분에는 100여 종의 난간 모양을 설명했다. '장원牆垣' 부분에는 각종 담장의 형식과 특징, 사용된 자재와 시공법, 각각의 담장이 어울리는 장소를 열거했으며 부분 도안을 남겼다. 이런 도안과 설명은 매우 구체적이면서도 형상적이어서 오랫동안 수집한 실제 자료를 체계적으로 정리해 완성했음을 알 수 있다. 이것은 다른 고대 원림 관련 서적에서도 찾아보기 힘든 특징이다.

　원림의 건설 경험을 총망라한 것이 이 책의 핵심인데 책의 각 권과 각 부분이 시작되는 부분에 자세한 설명을 곁들였다. 『원야』의 제1권 '상지相地'는 계성이 분석한 산림·도시·촌장·교외·원림에 딸린 주택 등 각종 원림 환경의 특징을 적은 것으로 각각의 환경에 맞는 원림 건설 원칙을 기술했다.

　'장원' 부분에는 원림의 내부·외부 담장의 자재가 조화를 이루어야 하며 위치에 맞게 유동적으로 설치해야 한다고 강조했다. 또한 '철산掇山'과 '선석選石'을 기술했는데 최고의 가산 형태와 모양을 17종으로 기술했다. 가장 유명하고 귀한 태호석·화강석에서 가장 흔한 황석까지 16종의 석재를 열거하고 형태적 특징과 최적의 활용법도 자세하게 설명했다.

　세 번째 부분은 원림 건설의 이론으로 이 책의 고갱이다. 계성은 원림의 계획·배치·조성 원칙과 기법에 종합적 이론을 펼쳤는데 '법칙은 있되 정해진 서식은 없는' 융통성 있는 원칙을 강조했다. 원림의 건축은 자연의 특성을 따라야 하고 굴곡 속에서도 조리가 있어야 하며 단정하고 반듯하면서도 법칙에 얽매일 필요가 없다는 뜻이다. 그는 또 원림 건설은 자연을 따라야 한다는 원칙을 강조했고 '사람이 만들지만 하늘에서 내린 것'이라는 생각을 가져야 한다고 했다. 즉 인공으로 풍경 원림을 만들지라도 조물주가 만든 것 같은 자연 환경을 담아내는 것이 비로소 원림의 최고 경지라고 생각했다.

전문가들은 수천 년의 원림 건설 경험과 역사를 체계적으로 정리하고 하나의 이론으로 정립했다. 길이·기풍·스타일·색채·재질·경물의 종류 등 많은 요소와 그 요소 사이의 관계를 명확하게 규정해 각각의 경관, 각 공간과 공간의 관계, 각 경관의 배치 등에 확실한 기준을 세웠다.

이런 원림 이론은 중국 고전 원림의 건설에 가장 합리적이고 효과적인 기준이자 수단으로 인식되고 있다. 뿐만 아니라 이 원림 예술의 법칙을 이해하고 능숙하게 사용할 수 있어야 비로소 최고의 원림 설계가로 인정받을 수 있다.

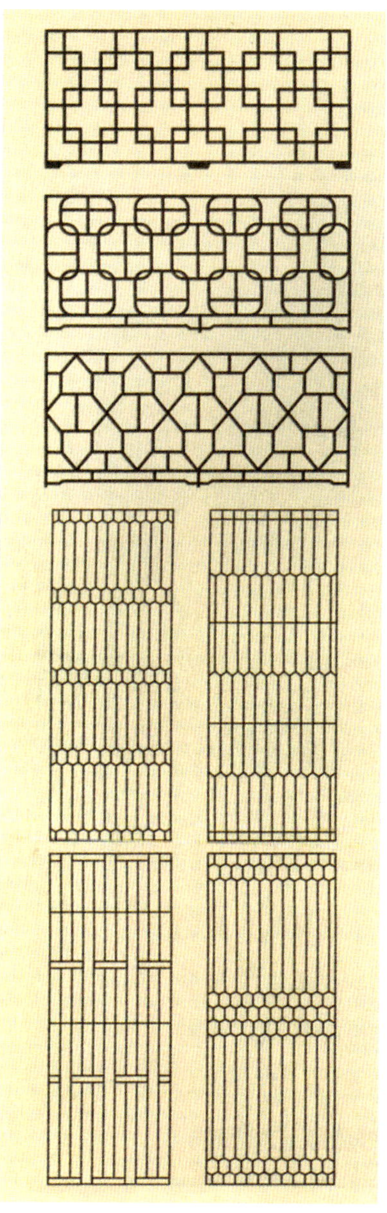

『원야』에 기록된 칸막이 표본도와 난간 표본도

그렇기 때문에 원림을 설계할 때는 이론에서 제시하는 가장 아름다운 곡선과 성숙된 표본, 가장 합리적인 경관 요소의 배치를 반영하고자 했다. 예컨대 공간의 다양화와 공간 대비 효율을 높이기 위해 원림 입구에 산석·꽃·나무를 병풍처럼 세우는 기법, 구불구불하게 만든 길을 통해 공간의 전환과 변화를 추구하는 기법 역시 어느 원림에서나 볼 수 있다. 모든 원림은 이론과 법칙에 따라 설계해야만 가장 합리적이고 뛰어난 아름다움을 지닐 수 있었다.

원림 조성 이론의 종합과 분석은 중국 원림 예술의 최고 성과라고 할 수 있다. 이렇게 창조적이고 뛰어난 이론과 법칙 그리고 원림 표본도 시간이 흐르면서 고정된 법칙이 되었다. 발전은 없고 오랜 법칙만 답습하는 과정에서 원림의 정취를 파괴하는 세속적인 색채와 조화를 깨뜨리는 요소가 늘어났고, 틀에 박히고 장식에만 치중한 졸작들도 나타났다.

제5장

원림 감상법

예술적 경지

경지境地는 중국 고대 예술에서 형상적으로 전달하고자 했던 함축적 의미를 말하는데, 시·그림에 경지가 들었느냐 그렇지 않느냐는 그 작품을 평가하는 가장 중요한 기준이다. 고대 회화는 예술가 자신의 작품에 현실 세계에 존재하는 사물이나 경치는 물론 형상적인 기법으로 특정 사상이나 분위기를 담았다.

소유주는 원림을 건설하면서 자신이 정신적으로 추구하는 바를 원림의 경관에 담고 다른 사람들과 함께 공감하고 싶어 한다. 따라

서 원림을 감상할 때는 아름다움을 충분히 음미하면서 경지를 찾아내고 그 안에 숨은 철학과 인생관을 이해하려는 자세가 필요하다.

상징과 비유

공자는 『논어』에서 "지혜로운 사람은 물을 좋아하고 어진 사람은 산을 좋아한다知者樂水 仁者樂山"라고 말했다. 지혜로운 사람은 물처럼 만물을 포용할 줄 안다는 뜻이고, 어진 사람은 산처럼 바르고 곧으며 만물을 생장시킬 미덕을 갖췄다는 뜻이다. 서로 다른 사물인 물과 산을 지혜와 미덕의 화신으로 비유한 것이다. 이 두 사물은 인간이 살면서 추구해야 하는 두 가지 덕목을 의미하기도 한다.

이러한 의미에서 원림에 산을 쌓고 연못을 파는 것은 자연에 대한 심미적 요구 때문이기도 하지만 미덕과 지혜에 대한 인간의 끝없는 추구를 의미하기도 한다. 진시황은 함양에 물을 끌어들여 긴 연못을 만들고 봉래산蓬萊山을 쌓아 복을 기원했다. 이렇게 원림의 특정 지역을 신선의 그것과 비유하는 기법은 후대에까지 많이 응용되었는데 한나라 장안성 건장궁建章宮의 태액지에도 섬이 세 개 있고, 당나라 장안성의 대명궁 태액지에도 봉래산이 있으며, 원나라 수도 대도의 황성 태액지에도 섬이 세 개 있다. 또한 청나라 원명원의 가장 넓은 호수인 복해에도 봉도蓬島와 요산瑤山을 만들었고 이화원의 곤명호에도 섬이 세 개 있다. 원림의 산수에 상징적인 의

원림 창밖의 담장 경관

미를 담고 싶어 하는 마음은 시대를 초월해 계속되었다.

고대 사람들은 유가 사상을 중시했고 식물에도 그 사상을 담고자 했다. 소나무는 늘 푸르고 강직하며, 대나무는 곧고 절개가 있었고, 매화는 추운 겨울을 뚫고 꽃을 피웠는데, 사람들은 이런 식물의 자태에서 고상하고 순결하며 강인한 정신적인 품격을 연상했다. 그래서 소나무 · 대나무 · 매화를 '세한삼우歲寒三友'라 부르며 고상한 인품에 비유했다. 그런 이유로 소나무 · 대나무 · 매화는 중국 시화는 물론 원림 예술에서 가장 자주 보는 소재가 되었다.

피서산장의 산악구 가운데 가장 중요한 산 역시 온 산을 소나무로 뒤덮은 송운협이다. 문인들은 대나무의 곧고 절제된 모습을 좋아했기 때문에 강남 일대의 사가 원림에는 거의 대나무를 심었다. 백거이는 특히 대나무를 사랑했다. 그는 대나무에 관한 시를 많이 지었을 뿐 아니라 자신의 집에도 대나무를 심었다. 송나라의 대문호 소식도 대나무를 사랑한 것으로 유명하며 〈어잠승록균헌於潛僧綠筠軒〉이라는 시도 남겼다.

> 먹을 때 고기가 없을지언정　　　寧可食無肉
>
> 사는 곳에 대나무가 없을 수 없네　　　不可居無竹
>
> 고기가 없으면 사람을 마르게 하지만　　　無肉令人瘦
>
> 대나무가 없으면 속되게 하고　　　無竹令人俗
>
> 사람은 말라도 살찔 수 있으나　　　人瘦尚可肥
>
> 선비가 속되면 고칠 수 없네　　　士俗不可醫
>
> ⋮

이 시를 통해 소식은 자신의 고고한 절개와 타협할 수 없는 경지를 노래했다.

연꽃은 뿌리는 약하지만 진흙에서도 오래 살 수 있고 흙탕물에 뿌리를 내렸지만 수면에 내비친 꽃은 순결하고도 찬란하다. 연꽃의 이런 생태적 특성은 심오한 인생의 철학을 내포하기 때문에 더럽고

속된 사회에 살고 있는 인간이 갖춰야 할 고상한 품격과 절개에 비유되기도 한다. 연꽃은 소나무·대나무·매화와 마찬가지로 산수화나 원림에 자주 등장한다. 이 네 식물은 그 자체가 경관이 되었으며 내포하는 인문적 의미로 사람들의 정서를 자극했다.

원명원 염계낙처濂溪樂處에는 연못 가득 연꽃이 피는데 건륭제는 이 광경을 보고 "전후좌우 모두 군자로 가득하구나"라고 평가했다. 소주의 졸정원은 연꽃의 생물학적 이미지와 인문적 의미를 특히 잘 살렸다. 본채 앞의 연못에는 연꽃이 가득한데 멀리까지 맑은 향기를 퍼뜨리는 연꽃의 특성으로 말미암아 원향당이라는 이름을 붙였다. 졸정원 서쪽의 연못가에는 유청각이 있다. 당나라 말기 시인 이상은李商隱의 시 〈숙낙씨정회최옹宿駱氏亭寄崔雍〉에서 '스러진 연꽃, 빗소리만 들리네留得殘荷聽雨聲'라는 구절을 따서 이름을 지은 것이다. 여름이 가고 가을이 올 때 정자에 앉으면 시들어가는 연꽃을 때리는 빗소리를 들을 수 있기 때문이라고 한다.

시적인 정취와 그림 같은 아름다움

원림의 경지와 풍모는 소유주의 문화적 소양에 따라 결정된다. 이것은 수많은 명원이 문인이나 화가의 손에서 탄생했기 때문이다. 원림 설계와 시화는 미학적 기준과 정신적 요구치가 상당히 비슷하다. 원림 건설은 문학적 사고에서 출발하고 원림·시문·서화는 서로 영향을 미치며 상호 보완 작용을 했다.

원림은 거주·오락·휴식을 위한 공간일 뿐 아니라 소유주의 취미·성향·인생관을 반영하는 곳이기도 했다. 사가 원림은 원림 예술의 심미관을 가장 잘 표현했는데, 문인과 선비 들이 양생과 수양을 위한 장소로 삼으면서 수수하고 담백한 정취를 담아냈다. 원림이 고아한 예술의 한 부분으로 인식될 수 있었던 것은 소유주의 뛰어난 예술적 감각, 탁월한 개성과 깊은 연관이 있다. 따라서 시적인 정취와 그림 같은 아름다움의 추구는 원림 설계의 시작점이자 종착점이 되었다.

시와 노래의 활용 여부는 원림에 있는 제영題詠, 제목을 붙여 시를 읊음을 보면 알 수 있다. 우아하고 아름다운 글귀로 경치를 표현하고 원림의 경지를 더욱 강조하는 제영은 원림의 가장 좋은 설명서이기 때문이다. 경관의 이름, 건축의 대련對聯과 마찬가지로 좋은 제영은 정자와 건물에 화룡점정의 역할을 하고 문과 담장을 장식하며 경관을 풍부하게 하는 것 외에도 원림 설계가나 소유주의 정서적 품위를 드러낸다.

망사원은 남송 시대에 지었는데, 원래 이름은 어은漁隱이었고 세상사에 무관심한 소유주의 삶에 대한 방식을 표현했다. 청나라 때에 망사원으로 이름이 바뀌었는데, 망사網師는 어부라는 뜻이기에 기존 이름의 의미는 남아 있는 셈이다. 소주 졸정원의 서반부 연

소주 망사원의 전춘이殿春簃는 문인들의 다양한 문화 활동을 만족시키기에 충분한 공간이다.

못에도 정자가 있는데 깊은 밤 사방이 고요해지고 맑은 바람이 불어오면 밝은 달이 정자와 연못을 비춰 맑고 깨끗한 분위기를 자아낸다. 이 정자는 소식의 사詞, 중국 고전 운문 〈점강진點絳脣 항주杭州〉에 나오는 "누구와 함께 앉아 있을까? 밝은 달빛과 부드러운 바람만이 있을 뿐與誰同坐. 明月淸風我"이라는 구절에서 딴 여수동좌헌與誰同坐軒이라는 이름을 붙여 경관의 경지를 명확하게 표현했으며 소유주의 고고한 품격을 암암리에 강조했다. 제남濟南 대명호大明湖에 있는 대련 "사면에 연꽃 삼면에 버드나무四面荷花三面柳, 성 전체가 산에 둘러싸이고 그 절반은 호수로다一城山色半城湖"는 대명호와 제남성의 경

화가가 표현한 난정蘭亭의 유상곡수流觴曲水

치를 절정의 대구로 표현했다.

　『장자莊子 추수秋水』에 이런 내용이 있다. 장자莊子와 혜시惠施가 호수 위 다리에서 한가하게 시간을 보내는데 장자가 말했다. "물고기가 한가롭게 헤엄치고 있군. 이것이 물고기의 즐거움일세." 그러자 혜시는 "그대는 물고기가 아닌데 어찌 물고기가 즐거운지 아는가." 하고 물었다. 장자는 "그대는 내가 아닌데 내가 물고기의 즐거움을 알지 못한다는 것을 어찌 아는가."라고 대답했다. 이 대화 속의 넘치는 지혜와 유유자적한 정취로 말미암아 후세의 수많은 원림이 이 고사를 활용했다. 기창원의 지어함, 이화원 해취원의 지어교,

향산 정의원의 지어호, 원명원의 지어정, 북해공원의 호복간濠濮澗
등도 근심을 잊고 세속에 구애받지 않으려는 심적 경지를 추구하고
있다.

『홍루몽紅樓夢』에 등장하는 가씨賈氏 집안은 커다란 대관원大觀園
을 짓는데 영국부榮國府, 영국부의 아가씨와 공자가 문채를 발휘해
각 건물에 이름을 짓고 시를 써 글자놀이를 하는 대목이 있다. 작가
조설근曹雪芹도 작품 속의 인물을 빌려 "이렇게 큰 경관 속에 몇몇
정자에는 이름이 없으니 꽃과 버들, 산수가 그 색을 내지 못하는구
나"라 하였다. 이렇듯 기둥에 적는 대련이나 제영은 원림에 화룡점
정의 역할을 하고 경관의 경지를 강조하며 관람자의 미소를 이끌어
내는 특색으로 자리 잡았다.

원림 설계가와 건축가는 지형에 맞게 기발한 구상으로 다양한
원림을 창조한다. 이런 각양각색의 원림에도 공통점이 있으니, 원
림의 어느 위치에 있든 완벽한 한 폭의 그림이 펼쳐진다는 것이다.
중국 원림이 근경과 원경의 차별화, 대·헌·사·정자의 배치, 가
산·연못의 조화 그리고 화초와 나무의 어울림에 신경을 쓴 것은
시적인 정취와 그림 같은 아름다움의 경지를 창조하기 위해서다.
원림을 그림으로, 시로 승화하려는 의도를 이해하기 위해서는 중국
원림에서 자주 보는 기법과 원림 배치를 잘 파악해야 하며, 정교하
고 뛰어난 풍경과 배경, 탐미적인 문화적 품격을 이해할 수 있어야

안녕安寧 남원楠園의 춘화추월관春花秋月館. 대리석으로 만든 액자는 경관의 주제를 담은 편액 역할을 한다.

한다.

원나라 이후 원림과 그림은 불가분의 관계가 되었다. 그 결과 원림을 조성할 때 회화 기법을 활용하게 되었고 주로 호수나 연못의 물, 돌을 쌓아 만드는 가산 두 분야에 집중적으로 응용되었다. 예를 들면 중국 원림의 연못은 자연과의 조화를 최고의 아름다움으로 꼽았고, 연못가는 자연스런 곡선을 이루며 다듬지 않은 돌을 놓거나 갈대·억새를 심어 자연 그대로의 정취를 추구했다. 크기가 수천 제곱미터가 넘는 수면은 물이 집중되는 곳을 만들어 거울처럼 맑은 호수에 안개가 피어오르는 현상이 일어나게 했다. 수면이

원림 건축에서 흔히 보는 기둥 대련

작으면 연못가에 다양한 돌을 놓고 대나무·등나무를 심거나 금붕어·물총새를 넣고 수초를 심었다. 작은 연못이지만 바다처럼 넓고 끝없는 듯한 인상을 주기 위한 것이다.

가산은 모방 원칙을 따르되 규모를 추구하는 것이 아니라 축약·절제를 활용했다. 즉 석조 조경의 기법으로 봉우리·절벽·계곡 등 산의 형태를 만들고 신비한 형상과 함축적 의미를 살리고자 했다. 흙을 위주로 하는 또 하나의 가산 기법이 있었는데 자연 산의 경치를 부분적으로 묘사하는 것이다. 완전한 산의 모습은 볼 수 없

명나라 화가가 그린 〈죽계육일도竹溪六逸圖〉. 당나라 시인 이백 등 문인 여섯이 대나무 계곡에 모여 술과 노래를 즐기는 유유자적한 삶을 동경한 그림이다.

지만 보는 이의 상상력을 더해 수많은 봉우리와 해를 가릴 만큼 우뚝 솟은 산꼭대기의 웅장한 모습을 느낄 수는 있다. 이렇게 여운을 이용하는 기법은 산과 돌의 표현력을 크게 끌어올렸다.

원림 설계가는 분리 기법을 이용해 경관을 다양하게 만들었다. 예를 들면 연못에 굽은 돌다리를 두거나 물을 가로지르는 징검다리를 설치해 포인트를 주는 것이다. 이렇게 하면 공간의 다양화를 추구할 수 있고 연못에 좀 더 심오한 기운을 불어넣을 수 있다. 가장 흔히 보는 것은 아름다운 문양의 창문과 긴 회랑을 이용하는 것인데 나뉜 것 같으면서도 서로 통하고 경계를 이루면서도 완전히 분리되지 않기 때문에 경관에 깊이를 더한다.

소주의 원림을 관람한 사람이라면 어떤 위치에서도 절정의 회화적 아름다움을 쉽게 발견했을 것이다. 중국 원림의 하얀 담은 전체 원림의 풍부한 색채·빛·경관 조형을 더욱 정결하고 조화롭게 한다. 회화 기법을 원림 예술에 적용한 것이다. 이렇듯 그림 속의 집, 시 속의 정취, 원림의 회화화는 원림이 추구하는 중요한 원칙이 되었다.

명승지를 모아서

황가 원림이든 사가 원림이든 원림에 명승지를 인용하는 것은 매우 통상적인 기법이다. 심지어 똑같은 경관이 여러 원림에 인용되는 경우도 있어서 각각의 경관에서 똑같은 문화와 역사의 색채를 느낄 수 있다.

오악은 중국의 대표적인 산으로서 모두 오래된 사찰이 있다. 산신을 모시고 제사를 올리는 곳이자 인류 최초의 숭배 사상이 반영된 곳인 셈이다. 소주의 사가 원림에서는 정원 앞에 석봉을 다섯 개 놓아 오악을 상징하곤 했는데 이런 기법은 청나라 후기에 절정이었고, 작은 돌을 화분에 담아 장식하여 책상에 놓아 실내에도 오악을 끌어들이고자 했다.

항주 서호는 10경으로 유명하다. 원명원의 삼담인월, 평호추월, 남병만종 등이 서호의 10경을 본뜬 것이다. 강소성 진강의 강천사는 금산의 정상에 있는데 절 한가운데 불탑을 세웠다. 진강의 표식인 불탑에는 '청사靑蛇와 백사白蛇'로 유명한 '백낭자와 허선許宣'의 전설이 깃들었다. 이 전설 덕분에 고찰은 예술적 아름다움은 물론 짙은 인문적 색채까지 띠게 되었다. 승덕의 피서산장에도 금산

• 백낭자와 허선

남송 소흥紹興 연간1131~1162, 항저우에 허선許宣이라는 사람이 살았다. 비 오는 어느 날, 그는 서호에서 백낭자白娘子를 만나게 된다. 이후 두 사람은 부부가 된다. 그런데 법해法海라는 승려가 허선에게 백낭자가 뱀의 요괴임을 알려준다. 법해는 허선에게 바리때를 주고, 허선은 바리때로 백낭자의 머리를 덮어 그 안에 그녀를 가둔다. 법해는 바리때를 뇌봉사雷峰寺 앞으로 가져와 바닥에 놓고 그 위에 탑을 쌓게 한다. 그 탑이 바로 뇌봉탑이다.

의 경관을 모방한 곳이 있다.

　강남에서는 해마다 음력 3월 3일 삼짇날이면 교외로 나가 오락을 즐기는 풍습이 있다. 서예가 왕희지王羲之와 벗 40여 명은 이날이면 절강 소흥성 밖의 난정에 모였다. 그들은 도랑에 술잔을 놓아 흘러가게 했는데 술잔이 멈추는 곳에 있는 사람은 술잔을 비우고 흥에 맞게 시를 한 수 읊어야 했다. 이 놀이는 술이 다 떨어질 때까지 계속되었고 그렇게 읊은 시를 책으로 엮었다. 여기에 왕희지의

항주 서호

명필로 서문을 덧붙였는데, 후세 사람들은 시집을 석비에 새겨 난정에 세워두었다. 석비 덕분에 난정이 명승지가 된 것은 물론이고 구불구불한 도랑에 술잔을 띄우고 시를 읊는 놀이가 고상한 문인들의 이미지와 어우러져 전국적으로 유행했다.

북경 자금성의 영수궁 화원과 승덕의 피서산장에도 상징적인 의미를 본떠 술잔을 흘려보낼 유상곡수流觴曲水를 만들었다. 과거 난정에는 천연의 유수가 흘렀지만 이곳에는 돌을 파서 만든 도랑을 따라 물이 흐르게 했다. 이런 명승지가 원림에 인용되면서 원림의 주요 경관을 이룬 것은 물론이고 그에 수반되는 문화 역사적인 의미까지 함께 원림으로 유입되었다.

고찰과 저잣거리

중국의 원림, 특히 황가 원림에는 대부분 사원이 있었는데 제왕이 예불을 드리기 위한 용도였고, 다른 한편으로는 사찰 건축이 주는 독특한 조경 효과를 얻기 위해서였다. 때로는 사찰이 원림의 주요 경관을 이루기도 하는데, 그럴 경우 경건하고 고요한 분위기

남경 영곡사靈谷寺 원림의 노란 담장과 대나무 그림자

가 더해져 세속을 뛰어넘는 예술적 경지를 내뿜는다.

　북해 공원의 영안사와 라마탑은 경화도에 지었고, 이화원의 불향각과 지혜해불전은 각각 만수산 남쪽의 산허리와 산등성이에 있다. 이런 사찰 경관은 두드러지는 이미지와 특수한 지세 덕분에 두 황가 원림의 표식이자 전체 원림 구도의 핵심이 되었다. 이화원의 수미영경 동쪽에는 넓지 않은 사찰 화승각花承閣이 있는데 소형의 팔각 유리 보탑이 있고 모든 층의 처마 아래 풍경이 달려 있다. 바람에 흔들리는 풍경 소리를 들을 때면 속세를 벗어나 불법의 세계에 들어간 듯한 느낌이다.

천대산天臺山 고찰 정원에 핀 매화

　　원림의 사찰 건축물이 경건하고 신성한 느낌을 더하기 위한 것이라면 이화원 후계하에 있는 저잣거리는 세상과 격리된 황실 구성원이 일반 백성의 삶을 느끼기 위해 만든 것이다. 다닥다닥 붙은 상점과 바람 따라 아름답게 흔들리는 점포들의 헝겊 간판은 무대 장치를 하듯 인위적으로 설치된 것들이지만 번화한 시장과 떠들썩한 민초의 삶에 대한 동경을 반영한 것이다. 그 안에 서면 소주 강가의 저잣거리처럼 상인들의 떠들썩한 흥정 소리, 금릉金陵 진회하秦淮河의 가무와 풍악이 들리는 듯하여 여행객의 흥취를 자극하기에 충분하다.

　　원림의 경지는 위에서 말한 여러 기법을 통해 표현될 때 비로소 풍부한 함축적 의미를 지닌다. 중국 원림은 시·회화·서예·조각·분재·음악·연극을 융합한 고도의 예술이며 중국 전통문화 환경을 창조하는 데도 큰 역할을 했다. 그 섬세하고 서정적인 예술 품격은 격조 높은 생활상을 표현했을 뿐 아니라 중국 예술의 철학적 의미까지도 집약했다. 이런 함축적 의미를 이해하면 중국 고대 원림의 아름다움을 충분히 느낄 수 있다.

원림 감상 시각

동적 경관과 정적 경관

중국 원림의 경관에는 두 가지가 있는데 정적 경관과 동적 경관이 그것이다. 작은 정원을 감상할 때는 정적 경관 위주로 봐야 하는 반면 큰 원림에서는 관람 동선에 따라 동적 경관 위주로 감상해야 한다.

정적 경관이란 감상하는 사람들이 발걸음을 멈추고 감상하는 정적인 아름다움을 말한다. 정적인 경관에 어울리는 곳은 건물·헌·정자·누각·대 등이 있다. 시야가 탁 트였고 원림에서 가장 뛰어난 경치가 눈앞에 펼쳐져 앉거나 휴식하기에 편하다. 물속에서 노니는 물고기를 감상하고 맑은 바람과 달을 즐기는 것은 물론이고 꽃을 울타리 삼고 가산 봉우리를 높은 담 삼아 그림 속 세상을 즐길 수 있어 발길이 쉽게 떨어지지 않는다.

원림의 관람 동선은 자연적인 굴곡이 있거나 높낮이가 변하기도 한다. 물에 닿았거나 산자락을 끼고 굽은 긴 회랑을 배치해 관람할 때 햇빛이나 비를 피할 수 있게 한다. 굽은 회랑과 오르막과 내리막이 있는 산길, 울퉁불퉁한 돌길은 걸음을 옮길 때마다 새로운 경관을 감상하는 최고의 동적 경관이다.

중국 원림은 주종 관계가 확실하며 경관에 다양한 변화가 있다. 이 때문에 원림 설계가는 최고의 관람 동선을 짜고 각종 동적인 아름다움과 휴식 · 연회 · 오락 · 거주 등 다양한 기능의 건축물을 유기적으로 결합한다. 그래서 상대적으로 정적인 경관도 감상하는 각도에 따라 새로운 면모를 지닌다. 동선을 따라 동적인 경관을 감상하다 보면 아름다운 족자가 길게 펼쳐진 듯 새로운 경관이 끝없이 나타나 리듬과 운율을 느낄 수 있다.

하늘과 땅을 향하다

원림의 공간은 다양한 방향과 변화의 운율을 추구한다. 가산과 연못, 건축물, 꽃과 나무의 배치를 이용해 경관의 높낮이에 변화를 줌으로써 고개를 들었을 때나 숙였을 때 어디에서나 아름다운 경관을 감상할 수 있어야 한다. 그래야 원림 지형의 기복에 따라 관람의 시선도 변하고 경관도 다양해져 미묘한 운치가 넘친다.

이화원의 만수산 앞쪽 불향각은 원림에서 가장 높은 곳에 자리 잡았다. 산허리에 웅장하게 우뚝 솟아서 고개를 들면 드넓은 하늘을 마음껏 감상할 수 있고, 정면으로 드넓은 호수면이 펼쳐져 햇빛에 비친 호수면의 물보라까지도 볼 수 있다.

양주의 기소산장寄嘯山莊 역시 시선의 변화에 따른 경관의 미묘한 정취를 충분히 활용한 원림이다. 2층의 회랑과 가산의 오솔길은 온 원림을 관통해 입체적인 관람 동선을 제공하고 호수의 빛깔과

문인 원림의 창문과 창문 너머의 경관은 아름다운 액자를 연상시킨다.

기창원 너머로 보이는 석산錫山의 절경

산의 정경 그리고 누각과 회랑이 조화를 이뤄 새로운 정취를 선사한다.

오감의 향연

고대 원림을 유람하다 보면 절경을 볼 수 있는 것은 물론이며 청아한 물, 지저귀는 새, 풀벌레 소리도 얼마든지 느낄 수 있다. 봄이면 복사꽃·배꽃의 향기가 코를 찌르고 여름이면 연꽃 향이 온몸을 감싼다. 가을이면 물푸레나무 꽃의 향에 취하고 겨울이면 매화의 은은한 향에 아찔하다.

고전 음악 '우타파초雨打芭蕉'는 어느 날 파초 잎을 때리는 빗방

상해 예원豫園에 놓인 지그재그형 석교

개원 하산의 회백색 석소 소성. 모양이 특이하고 정교하면시도 이름다워 시원한 느낌이다.

울이 만들어낸 맑고 경쾌한 소리에 행복을 느낀 작가가 그 정취를 음악으로 탄생시킨 것이다. 소주 졸정원의 청우헌 역시 같은 이유로 붙은 이름이다. 송풍정도 정자 주변에 심은 소나무 사이로 산들바람이 지나며 내는 맑은 소리에 신비한 느낌을 받아 그런 이름을 붙였다. 이렇게 바람 소리를 듣기 위해 소나무를 심고, 빗소리를 느끼기 위해 파초를 심는 것이 중국 원림 설계의 원칙으로 굳었다.

사계절이 살아 있는 경관

원림의 경관을 감상할 때는 햇볕·계절·날씨에 따라 어떻게

저 멀리 보이는 옥천산

북경 향산의 황가 원림 정의원. 거울 같은 맑은 호수와 겨울 산의 정경

운남 조계사원曹溪寺園의 붉은 담장과 오래된 측백나무의 조화로운 정취

변화하는지 유심히 살펴야 한다. 소주 유원의 가청희우쾌설정佳晴喜雨快雪亭은 날씨 변화에 따라 눈앞 정경에 새로운 감흥이 이는 낙관적인 인생관의 극치를 보여준다. 소주 망사원의 월도풍래정은 온 연못에 비친 주변 경관이 아름답게 빛나는 곳으로 시간 흐름에 따라 빠른 속도로 새로운 경관을 보여준다. 하늘에 둥근 달이 걸리면 달빛과 등불이 연못에 반사되어 시적인 정취와 그림 속 아름다움이 절정에 이른다. 계절에 따른 경관 또한 다양한 미감을 제공한다. 송나라의 곽희郭熙는 『임천고치林泉高致』에서 다음같이 묘사했다.

봄 산은 담박하고 아름다워 웃는 듯하고 　春山淡冶而如笑

여름 산은 웅장하게 푸르러 물방울 맺히는 듯하고 　夏山蒼翠而如滴

가을 산은 밝고 깨끗하여 단장한 듯하고 　秋山明淨而如狀

겨울 산은 어두침침하고 엷어 자는 듯하네 　冬山慘淡而如睡

즉 계절의 변화가 주는 아름다움이 원림 예술에서 더욱 두드러진 것이다. 양주 개원의 가산은 돌로 봉우리를 쌓았는데 각각 사계절을 상징해 사계가산四季假山이라고 불린다. 항주 서호의 10경 중 앞의 4경은 '소제춘효蘇堤春曉', '곡원풍하曲院風荷', '평호추월平湖秋月', '단교잔설斷橋殘雪'이며 각각 사계절을 상징한다.

【제6장】

명원의 시련과 복원

중국 역사를 돌이켜보면 시대를 막론하고 건국 초기에는 토목 공사가 성행해 대규모 궁원과 원림을 지었다. 하지만 왕조가 바뀔 때 새로운 세력에 의해 잿더미가 되기 일쑤여서 나라의 흥망성쇠와 원림의 운명은 불가분의 관계라고도 볼 수 있다. 인류 역사에서도 고대 바빌로니아의 공중정원에서부터 명나라의 원명원까지 휘황찬란하고 눈부신 누각과 궁전이 인류의 탐욕과 무지 때문에 소멸되어 역사의 비극으로 남았다.

1860년, 영국 · 프랑스 연합군은 북경을 침공했고 아름답고 화려한 궁전과 원림은 잔인한 약탈자들에게 노출되었다. 영국 · 프랑스 연합군 사령관은 부하들에게 '원하는 대로 가져도 좋다'는 공문을 내려 보내 10,000여 명의 군인이 원명원의 보물을 닥치는 대로 약탈했다. 그들의 악행은 거기에서 그치지 않았다. 옮길 수 있는 보물을 전부 다 훔쳐간 후 3,500명이 원림의 으뜸으로 꼽히는 원명원의 여러 궁전과 건물에 불을 질렀다. 불길은 이틀 밤낮으로 계속되었고, 연기가 북경성의 하늘을 뒤덮었고, 먼 곳에서도 불길을 볼 수 있었다고 한다. 뿐만 아니라 청의원, 향산 정의원, 옥천산 정명원과 부근의 황가 원림과 사가 원림까지 모두 불살라버렸다.

맑고 투명했던 곤명호는 진흙으로 메워졌고 호숫가에는 미처 불에 타지 않은 동우銅牛가 처량하게 서 있었으며 주위에는 가시덩굴만 무성했다. 화려하고 아름다운 궁전과 사원 건물군은 돌·기둥·받침대만 남았으며, 후산 산림의 정자·사당·후계하에 늘어섰던 상점은 기둥과 받침 그리고 돌로 쌓은 가산만 남았다. 중국 원림 예술의 최고 성과로 꼽히던 웅장하고 화려한 황가 원림이자 수백 년에 걸친 땀과 노력으로 완성한 원림이 이렇게 10여 일 만에 폐허가 되었다.

난을 겪은 후, 청나라 조정은 원명원을 복원하기로 하지만 국고 부족으로 찬반이 엇갈렸고 결국은 실현되지 못했다. 광서 14년1888, 청의원은 부분적으로 복원되었고 서태후의 만수무강을 기원하는 행궁이 되면서 이화원颐和園으로 이름을 바꾸었다. 1900년 8

불에 타버린 석방이 호숫가에 정박되어 있다.

개국 연합군이 북경을 침공하자 이미 폐허인 원명원은 다시금 노략
질의 대상이 되었다. 영국·러시아·이탈리아 등 열강이 1년 넘게
점거하면서 원림의 귀중한 보물을 약탈하고 건축물도 대부분 파괴
되고 말았다. 1902년 서태후는 이화원에서 70세 생일 연회를 열기
위해 군비를 털어 이화원을 복원한다. 이렇게 이화원이 전소와 복
원을 반복하는 동안 청나라의 국운은 크게 기울었고 조정은 아름답
고 귀한 원림을 보존할 힘을 잃고 말았다.

  여러 원림 가운데 원명원이 가장 심각하게 파괴되었다. 두 번

서제西堤에서 바라본 동쪽 경관. 만수산 곤명호가 고요하고 아름다운 풍경화를 이룬다.

에 걸친 침략 때문에 보물은 모두 사라졌고 건물은 불탔으며 탐관오리와 군벌·유민 들의 장기적인 파손과 절도까지 자행되었다. 특히 중화민국이 수립되면서 아무도 돌보지 않게 되었다. 그 후 10~20년간 보물을 훔쳐가는 마차가 날마다 드나들었다고 하니 그나마 남은 원림마저도 석재장으로 변하고 말았다. 무너진 담장, 부러진 기둥, 깨진 기와마저도 얼마 남지 않았고 완전한 조각이 남은 기둥과 돌사자 등은 남김없이 훔쳐갔다.

또한 여러 회사와 농민들이 원명원 안에 거주하면서 새로운 건물이 들어섰다. 연못가는 파헤쳐지고 나무는 베어졌으며 호수는 밭으로 변해 훼손된 채 남아 있던 경관마저도 모두 사라지고 말았다. 비극은 끝나지 않았다. 침략자들이 노략질한 원명원의 보물을 거의 100년에 걸쳐 국제 문화재 시장에 내놓고 전시하거나 경매로 팔아치웠던 것이다.

원명원의 아름다움에 대해 영국군을 따라 들어온 한 목사는 이렇게 표현했다.

"시인이자 화가이며 미술 감정사이면서 중국학자인 천재가 있어야만 원명원의 아름다움을 조금이나마 표현해낼 수 있다. …"

원명원 옛터에는 어렴풋한 흔적만 남은 돌받침, 구불구불한 물길과 오솔길, 원명원의 상징적 건물이던 대수법大水法과 원영관遠瀛觀의 기둥 몇 개, 낡은 벽돌과 깨진 기와만 남아 당시의 참상을 짐작하게 한다.

인류 문명은 상호 이해·포용·존중을 바탕으로 발전했다. 중국의 명원이 겪은 재난은 문명의 재난이며 인류의 치욕이다. 원림을 보호하고 문물과 유적을 지키는 것은 인류의 책임이기 때문이다.

1949년 중화인민공화국이 수립되면서 중국은 새로운 역사의

향산 소묘昭廟의 유리 기와탑

향산 정의원의 근대 건축물

시작을 맞게 되고 각지의 유명한 원림의 보존과 복원의 중요성이 대두되었다.

가장 큰 황가 원림인 피서산장은 면적이 넓지만 통일된 관리가 부족해 한때 산장과 전혀 관계없는 기관이 입주했었다. 산악구에 별장과 주택이 들어섰고, 평원구·호수구에는 상점·호텔·여관 등 부대시설이 들어찼었다. 이런 혼란한 상황에서 탈피하기 위해 지방 정부와 국가문물국은 정리와 보존 작업에 착수했다. 그 결과 산장의 물이 맑아지고 숲은 푸르러졌으며 건축물은 원래의 소박

복원 후의 정의원

한 풍모를 유지할 수 있게 되었다. 평원은 초목이 뒤덮었고 산에는 여전히 숲이 빽빽해 과거 피서산장의 위용이 드러났다. 승덕시는 산장을 둘러싼 외팔묘에도 대대적인 보수 개혁을 단행했고, 파괴된 부분은 전통 예술 기법에 따라 엄격한 복원 절차를 밟았다. 1994년 승덕의 피서산장과 주변의 사찰들은 완전한 건물군으로 유네스코에 세계 문화유산으로 등재되었다.

이화원은 서북 교외에 있는 황가 원림 가운데 보존이 가장 잘 된 원림이다. 50여 년 동안, 곤명호는 땅을 파고 물길을 정리했고

1970년대에 복원된 강남 원림 가정추하포嘉定秋霞圃

장하 역시 풍부한 수원을 복원해 새로운 수상 관람 노선으로 거듭 났다. 원내의 건축물도 여러 차례 수리하여 황실 건축의 찬란한 기품을 드러내게 되었다. 이화원은 이런 세심한 노력과 보호 작업을 통해 1998년 유네스코에 세계 문화유산으로 등재되었다.

향산 정의원은 1세기에 걸쳐 기존 경관과 건축물 대부분이 파괴 당했지만 정돈과 수리로 경관을 복원하고 건축물 몇 동을 새로 지은 덕에 규모가 큰 경관은 지금의 상태를 유지할 수 있게 되었다. 산악 구역은 녹화 작업으로 원래의 모습을 되찾았고 노란 연기나무와 노 송이 핵심 경관을 이뤄 가을에는 온 산이 붉은 단풍 옷으로 갈아입는 등 과거 정의원의 풍모와 정취를 어느 정도 되찾아가고 있다.

1950년대 북경시 정부는 원명원에 대대적으로 나무를 심고 대규모 녹지를 만들어 원명원의 풍모를 복원하기로 했다. 하지만 체계적인 보호 조치가 이뤄지지 않아 지속적인 파괴를 막지는 못했다. 1980년대 원명원의 동부는 약간 정돈되었고 원명원 유적공원이라는 이름으로 대중에게 개방되었다. 그 후 10여 년 동안, 원명원 내의 주택은 대부분 밖으로 옮겼고 개간을 중단해 경관이 점차 회복되었다.

시 정부는 복해福海 주변 경관과 기춘원의 경관 복원에 중점을 두어 일부 정자와 사당을 성공적으로 복원했다. 장춘원의 서양루 구역은 발굴을 통해 과거의 모습을 재현할 수 있었다. 최근 북경시 정부는 다양한 분야의 의견을 수렴해 현실에 맞는 원명원 복구 방안을 수립했다. 주로 원명원의 수면, 물길, 제방, 언덕, 도로를 복원하는 데 중점을 두었으며 핵심 경관에는 더 많은 관심을 기울여 부분적으로나마 과거 황가 원림의 위풍을 되찾기로 한 것이다.

대대적이고 전면적인 복구 계획이 수립된 이상 원명원의 보호·건설은 신속하게 진행되어야 한다. 지속적인 연구와 노력으로 희대의 명원이 제대로 보호를 받아 새로운 생명으로 탄생되기를 바란다.

◎ 중국 주요 원림 위치도

우루무치
신강 위구르 자치구
감숙
청해
서녕
티베트
라싸
운남
곤

흑룡강
하얼빈
장춘
길림
내몽고
심양
요녕
승덕 피서산장
호화호특
북경
원명원
희춘원
천진
자금성 어화원
하북
황성어원
훼금원
은천
태원
석가장
산서
제남
산동
난주
하 회족 자치구
섬서
서안
정주
강소
하남
양주 개원
안휘
남경
소주 졸정원, 유원, 망사원
호복
합비
무석
기창원
상해 예원
무한
항주
중경
절강
귀주
호남
남창
강서
귀양
장사
복주
복건
광서 장족 자치구
대만
광동
남녕
광주
마카오
홍콩
해구
해남
서울
대한민국

중국의 **원림**

초판 1쇄 발행 2026년 3월 25일

지은이 러우칭시
옮긴이 한민영
감수자 이재근 · 신상섭 · 안계복 · 홍형순 · 이원호
펴낸이 김호석
편집부 이면희 · 김영선
마케팅 박선정
경영관리 박미경
영업관리 김경혜

펴낸곳 도서출판 린
주소 경기도 고양시 일산동구 무궁화로 20-18 하임빌로데오빌딩 502호
전화 02-305-0210
팩스 031-905-0221
전자우편 dga1023@hanmail.net
홈페이지 www.bookdaega.com

ISBN 979-11-92575-43-8 03910